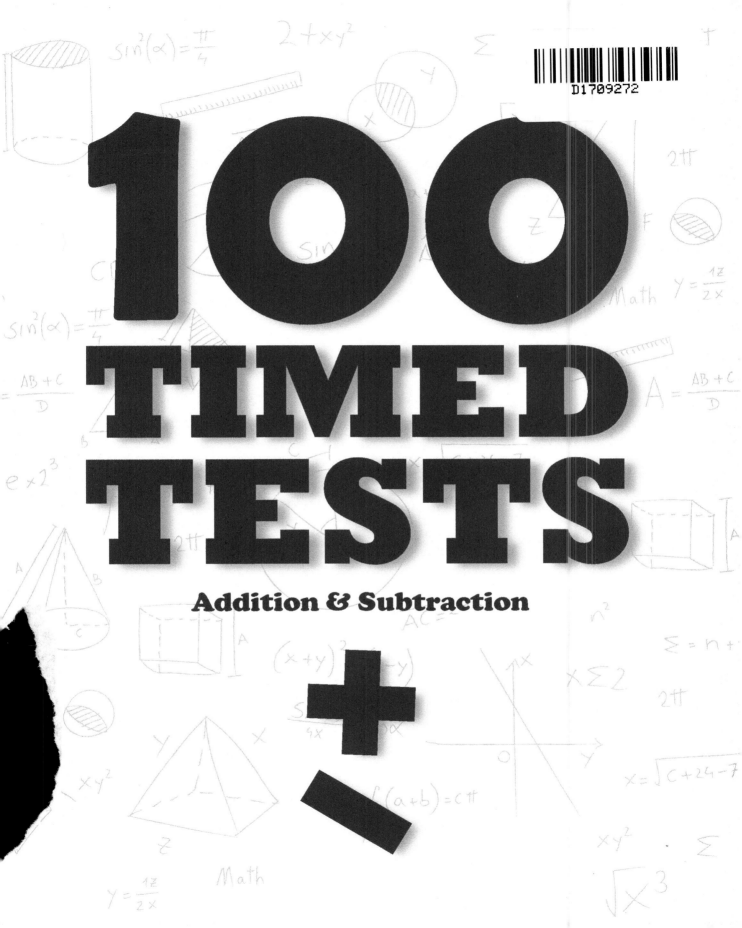

100 TIMED TESTS

Addition & Subtraction

THIS
BOOK
BELONGS
TO :

DAY 10 /100

4 + 4	7 + 3	5 + 3	8 + 0	4 + 7	6 + 3	8 + 2	6 + 2	5 + 2	5 + 7
4 + 5	2 + 0	3 + 1	6 + 5	9 + 6	8 + 5	4 + 6	3 + 8	6 + 7	0 + 0
2 + 4	1 + 6	7 + 4	4 + 3	9 + 8	3 + 5	7 + 6	4 + 1	0 + 6	4 + 2
6 + 1	5 + 9	9 + 3	1 + 4	0 + 9	0 + 8	3 + 7	5 + 4	9 + 4	7 + 2
1 + 8	1 + 7	0 + 4	2 + 6	7 + 9	2 + 3	0 + 2	3 + 4	2 + 8	8 + 3
5 + 6	0 + 1	6 + 8	4 + 9	8 + 9	9 + 2	9 + 7	2 + 1	5 + 1	6 + 9
8 + 1	3 + 0	3 + 6	6 + 0	7 + 5	6 + 6	1 + 3	4 + 0	8 + 4	2 + 9
3 + 2	5 + 5	3 + 9	8 + 7	7 + 7	9 + 1	6 + 4	2 + 2	5 + 8	9 + 5
8 + 8	1 + 0	2 + 5	3 + 3	9 + 0	0 + 7	0 + 5	1 + 9	7 + 8	1 + 5
7 + 0	2 + 7	0 + 3	7 + 1	9 + 9	1 + 2	8 + 6	1 + 1	4 + 8	5 + 0

2 + 7	9 + 9	9 + 1	4 + 1	8 + 2	8 + 3	9 + 2	5 + 5	7 + 5	2 + 2
4 + 5	2 + 4	1 + 3	7 + 2	7 + 7	7 + 8	1 + 5	9 + 3	4 + 2	3 + 4
4 + 0	6 + 3	6 + 7	0 + 0	3 + 9	0 + 3	7 + 9	9 + 0	3 + 3	9 + 7
5 + 1	2 + 1	5 + 8	0 + 6	3 + 2	8 + 4	6 + 0	4 + 4	0 + 8	2 + 8
1 + 2	9 + 4	1 + 9	0 + 1	2 + 0	6 + 6	3 + 8	0 + 7	7 + 1	4 + 9
5 + 9	6 + 4	5 + 6	6 + 8	8 + 5	9 + 8	4 + 8	6 + 1	1 + 6	5 + 2
8 + 8	2 + 5	6 + 5	1 + 7	7 + 3	1 + 1	1 + 8	3 + 0	9 + 6	5 + 7
0 + 2	0 + 4	8 + 6	6 + 2	8 + 7	4 + 3	2 + 3	4 + 7	1 + 4	3 + 6
8 + 9	8 + 1	0 + 5	5 + 0	5 + 4	0 + 9	6 + 9	3 + 7	3 + 5	2 + 6
4 + 6	8 + 0	7 + 4	7 + 6	7 + 0	9 + 5	5 + 3	2 + 9	1 + 0	3 + 1

6 + 3	5 + 0	8 + 0	9 + 5	4 + 2	9 + 9	1 + 1	0 + 3	4 + 1	9 + 7
9 + 8	8 + 2	2 + 9	6 + 4	7 + 0	3 + 1	5 + 6	9 + 3	2 + 8	4 + 5
1 + 3	2 + 4	3 + 4	0 + 4	6 + 8	7 + 1	8 + 6	0 + 6	0 + 2	2 + 7
5 + 2	1 + 0	7 + 9	7 + 3	0 + 1	8 + 8	3 + 8	6 + 6	3 + 7	0 + 5
3 + 6	7 + 7	7 + 2	8 + 7	7 + 6	5 + 4	1 + 8	9 + 6	2 + 3	1 + 7
6 + 2	4 + 8	4 + 9	4 + 4	2 + 6	4 + 3	0 + 7	8 + 5	6 + 0	5 + 7
3 + 2	9 + 0	4 + 7	2 + 5	1 + 2	5 + 9	1 + 6	6 + 9	9 + 4	0 + 0
1 + 5	2 + 1	3 + 9	4 + 6	8 + 9	9 + 1	3 + 0	5 + 5	6 + 5	7 + 4
1 + 9	0 + 9	2 + 0	6 + 7	7 + 8	1 + 4	2 + 2	9 + 2	7 + 5	5 + 1
0 + 8	6 + 1	8 + 3	4 + 0	3 + 5	8 + 4	8 + 1	3 + 3	5 + 8	5 + 3

1 + 5	2 + 0	5 + 3	6 + 7	4 + 3	3 + 4	8 + 7	1 + 6	0 + 5	9 + 6
1 + 1	3 + 7	4 + 8	1 + 3	0 + 4	5 + 7	7 + 4	7 + 7	7 + 8	8 + 3
9 + 9	2 + 6	9 + 3	8 + 2	7 + 2	6 + 5	1 + 4	4 + 1	7 + 9	4 + 5
2 + 7	8 + 4	6 + 6	5 + 8	1 + 8	2 + 4	2 + 2	0 + 3	2 + 5	5 + 1
8 + 5	0 + 2	6 + 0	9 + 8	9 + 5	5 + 9	4 + 2	5 + 6	7 + 5	8 + 9
9 + 1	8 + 0	3 + 9	3 + 8	7 + 1	2 + 3	6 + 3	0 + 0	3 + 0	3 + 2
7 + 6	4 + 4	5 + 5	5 + 0	8 + 8	1 + 2	6 + 9	0 + 6	8 + 1	3 + 1
1 + 0	1 + 9	3 + 3	9 + 7	3 + 5	4 + 6	6 + 2	7 + 0	8 + 6	0 + 1
6 + 4	9 + 2	2 + 1	0 + 9	9 + 4	9 + 0	3 + 6	4 + 9	5 + 4	7 + 3
0 + 8	0 + 7	5 + 2	6 + 1	2 + 9	6 + 8	2 + 8	1 + 7	4 + 0	4 + 7

1 + 6	4 + 0	9 + 6	8 + 2	6 + 0	0 + 0	0 + 1	5 + 3	7 + 0	5 + 7
3 + 8	3 + 0	5 + 4	4 + 5	5 + 2	5 + 5	7 + 3	2 + 6	0 + 3	3 + 5
3 + 3	6 + 8	3 + 2	5 + 8	1 + 8	0 + 2	2 + 3	2 + 8	3 + 1	9 + 8
1 + 3	8 + 5	7 + 7	3 + 7	0 + 6	7 + 1	5 + 6	8 + 7	9 + 4	8 + 8
9 + 3	4 + 9	7 + 6	0 + 7	4 + 4	2 + 0	4 + 8	6 + 7	0 + 4	6 + 9
2 + 5	9 + 5	2 + 1	0 + 5	8 + 9	6 + 3	9 + 7	6 + 4	6 + 1	9 + 2
7 + 4	2 + 4	1 + 7	4 + 7	4 + 1	2 + 9	7 + 8	5 + 0	6 + 2	8 + 1
0 + 8	1 + 2	7 + 9	1 + 4	4 + 3	0 + 9	1 + 0	6 + 5	4 + 6	2 + 2
1 + 9	7 + 5	3 + 4	8 + 0	8 + 4	8 + 6	1 + 1	4 + 2	1 + 5	8 + 3
6 + 6	9 + 9	3 + 6	5 + 9	9 + 0	3 + 9	2 + 7	9 + 1	5 + 1	7 + 2

5 + 4	4 + 4	2 + 3	2 + 6	7 + 6	1 + 0	3 + 0	2 + 4	7 + 2	2 + 0
9 + 9	9 + 5	6 + 0	0 + 1	0 + 2	5 + 5	4 + 8	7 + 4	0 + 0	9 + 4
0 + 4	6 + 2	0 + 7	0 + 3	3 + 6	8 + 2	4 + 3	7 + 3	1 + 7	2 + 7
8 + 3	6 + 5	6 + 4	8 + 6	7 + 0	9 + 8	5 + 9	7 + 1	3 + 5	7 + 9
4 + 6	8 + 9	6 + 3	6 + 7	5 + 8	4 + 7	4 + 0	0 + 9	0 + 8	9 + 7
2 + 9	4 + 2	9 + 1	5 + 1	3 + 8	4 + 5	1 + 3	2 + 8	2 + 1	8 + 8
2 + 2	5 + 2	5 + 3	4 + 9	3 + 3	9 + 6	7 + 8	4 + 1	9 + 0	1 + 4
5 + 7	9 + 3	3 + 9	8 + 1	1 + 1	5 + 6	5 + 0	7 + 7	6 + 6	3 + 2
1 + 8	8 + 0	3 + 7	9 + 2	0 + 5	8 + 5	2 + 5	1 + 6	7 + 5	8 + 7
1 + 5	3 + 1	1 + 9	0 + 6	1 + 2	6 + 9	8 + 4	3 + 4	6 + 8	6 + 1

5 + 7	6 + 8	1 + 4	8 + 1	8 + 7	4 + 5	0 + 1	6 + 3	1 + 6	0 + 9
9 + 3	6 + 9	7 + 8	5 + 3	0 + 3	6 + 6	7 + 5	7 + 7	3 + 3	1 + 1
5 + 4	1 + 5	2 + 1	0 + 5	7 + 1	8 + 3	9 + 6	4 + 0	6 + 1	6 + 5
1 + 0	2 + 0	2 + 8	5 + 1	4 + 3	0 + 4	3 + 5	1 + 9	9 + 7	6 + 4
0 + 0	4 + 7	8 + 0	9 + 1	9 + 0	1 + 7	8 + 8	7 + 2	4 + 2	3 + 0
2 + 5	9 + 2	2 + 4	9 + 9	8 + 4	7 + 3	3 + 6	2 + 2	9 + 5	1 + 2
7 + 6	4 + 1	6 + 0	9 + 8	5 + 2	2 + 3	7 + 4	8 + 5	4 + 4	6 + 7
3 + 7	7 + 9	5 + 5	5 + 8	6 + 2	5 + 9	3 + 8	3 + 4	8 + 9	8 + 2
8 + 6	4 + 8	1 + 3	3 + 9	3 + 2	9 + 4	4 + 6	0 + 2	2 + 7	2 + 6
1 + 8	4 + 9	2 + 9	0 + 6	3 + 1	0 + 8	5 + 6	5 + 0	7 + 0	0 + 7

1 + 0	8 + 2	1 + 7	9 + 7	7 + 3	0 + 0	5 + 8	6 + 1	1 + 4	6 + 5
7 + 7	9 + 6	8 + 7	2 + 5	5 + 2	1 + 2	7 + 4	7 + 8	7 + 5	3 + 1
2 + 4	8 + 6	2 + 0	5 + 3	5 + 9	9 + 4	2 + 6	4 + 2	1 + 9	9 + 0
4 + 8	3 + 5	5 + 6	4 + 9	1 + 8	3 + 0	9 + 2	9 + 8	4 + 5	4 + 1
9 + 9	0 + 4	2 + 8	7 + 9	8 + 4	5 + 5	6 + 6	1 + 5	6 + 4	6 + 8
6 + 0	8 + 8	6 + 7	9 + 3	1 + 6	3 + 4	0 + 8	4 + 0	4 + 3	2 + 2
4 + 6	3 + 9	3 + 7	0 + 6	8 + 9	0 + 2	7 + 6	4 + 7	5 + 4	4 + 4
0 + 1	3 + 8	6 + 3	3 + 2	7 + 1	3 + 6	1 + 3	6 + 2	0 + 5	8 + 0
2 + 3	5 + 0	8 + 3	2 + 1	5 + 1	5 + 7	8 + 1	2 + 9	0 + 3	1 + 1
9 + 1	3 + 3	2 + 7	8 + 5	0 + 9	6 + 9	7 + 2	0 + 7	7 + 0	9 + 5

9 + 0	2 + 5	0 + 2	0 + 5	8 + 4	7 + 8	2 + 0	9 + 6	1 + 4	3 + 6
6 + 6	4 + 0	7 + 3	4 + 3	0 + 4	9 + 5	1 + 7	0 + 3	2 + 6	5 + 9
2 + 2	1 + 1	5 + 5	6 + 3	7 + 4	6 + 7	0 + 0	1 + 0	9 + 3	1 + 8
6 + 2	7 + 9	7 + 7	1 + 2	2 + 1	2 + 4	5 + 3	3 + 5	2 + 8	0 + 9
0 + 8	8 + 8	9 + 1	7 + 6	8 + 1	5 + 2	5 + 0	7 + 5	8 + 0	4 + 6
6 + 0	6 + 5	5 + 7	8 + 5	5 + 6	0 + 1	0 + 6	9 + 7	2 + 3	4 + 2
6 + 9	8 + 6	1 + 9	8 + 2	2 + 7	1 + 6	4 + 7	1 + 3	4 + 8	6 + 4
3 + 8	1 + 5	3 + 7	3 + 1	5 + 4	8 + 3	9 + 9	8 + 7	2 + 9	5 + 8
6 + 8	3 + 3	3 + 9	4 + 9	9 + 2	3 + 2	3 + 0	9 + 8	3 + 4	4 + 5
7 + 0	6 + 1	7 + 2	5 + 1	7 + 1	9 + 4	0 + 7	4 + 1	4 + 4	8 + 9

4 + 2	3 + 2	0 + 7	4 + 0	8 + 5	7 + 8	8 + 1	0 + 9	5 + 0	2 + 5
5 + 4	6 + 9	2 + 3	4 + 1	1 + 3	9 + 7	6 + 0	5 + 7	2 + 2	8 + 2
5 + 3	0 + 2	5 + 8	2 + 4	1 + 0	9 + 5	3 + 1	8 + 8	8 + 6	9 + 0
4 + 7	5 + 2	4 + 5	5 + 6	1 + 5	3 + 0	1 + 8	0 + 8	3 + 5	8 + 9
9 + 1	2 + 7	8 + 4	9 + 6	1 + 4	7 + 5	1 + 6	7 + 1	4 + 3	2 + 9
6 + 6	7 + 2	3 + 8	6 + 7	6 + 5	6 + 8	3 + 3	4 + 9	8 + 3	1 + 7
5 + 9	3 + 4	0 + 3	7 + 3	6 + 2	7 + 6	9 + 3	0 + 0	7 + 0	3 + 7
9 + 9	7 + 4	4 + 8	3 + 9	7 + 7	5 + 1	9 + 8	9 + 2	2 + 0	1 + 1
1 + 9	1 + 2	6 + 4	4 + 4	9 + 4	3 + 6	2 + 6	0 + 5	4 + 6	6 + 1
2 + 1	8 + 7	0 + 1	8 + 0	0 + 4	6 + 3	5 + 5	0 + 6	7 + 9	2 + 8

7 + 1	8 + 8	3 + 4	1 + 7	6 + 1	7 + 9	3 + 5	1 + 1	2 + 5	5 + 9
6 + 7	8 + 4	4 + 0	3 + 2	6 + 4	2 + 0	2 + 1	8 + 1	0 + 2	6 + 2
9 + 6	4 + 2	5 + 2	4 + 5	2 + 8	0 + 1	1 + 4	9 + 3	4 + 6	8 + 6
4 + 4	3 + 7	1 + 9	0 + 4	7 + 4	6 + 9	0 + 5	7 + 5	1 + 8	4 + 3
1 + 5	0 + 9	0 + 0	9 + 2	7 + 2	6 + 8	3 + 9	9 + 0	7 + 0	4 + 7
2 + 6	7 + 6	7 + 8	5 + 8	2 + 9	5 + 5	6 + 6	1 + 0	3 + 1	6 + 0
5 + 1	3 + 8	8 + 5	7 + 7	3 + 0	9 + 1	9 + 9	9 + 7	9 + 5	5 + 4
0 + 3	1 + 6	8 + 3	4 + 8	4 + 1	6 + 3	0 + 8	8 + 7	8 + 2	0 + 7
9 + 4	5 + 3	1 + 3	2 + 3	8 + 9	2 + 7	7 + 3	1 + 2	4 + 9	6 + 5
3 + 3	0 + 6	5 + 7	2 + 2	5 + 0	3 + 6	5 + 6	8 + 0	2 + 4	9 + 8

DAY 10

/100

3 + 8	5 + 1	8 + 0	3 + 2	2 + 4	7 + 3	9 + 0	8 + 3	7 + 0	4 + 2
2 + 2	2 + 3	7 + 6	3 + 1	6 + 3	7 + 4	6 + 8	6 + 2	2 + 0	1 + 3
1 + 4	8 + 1	1 + 1	0 + 7	3 + 6	3 + 9	4 + 7	8 + 7	5 + 2	3 + 3
6 + 5	4 + 5	4 + 1	3 + 4	5 + 5	9 + 4	7 + 9	2 + 5	0 + 9	6 + 1
2 + 7	9 + 8	1 + 5	9 + 2	2 + 8	1 + 6	9 + 3	1 + 8	8 + 6	0 + 6
4 + 6	1 + 2	0 + 8	0 + 3	5 + 9	1 + 0	7 + 2	8 + 2	6 + 7	0 + 4
8 + 8	8 + 9	8 + 4	9 + 6	5 + 8	2 + 9	2 + 6	9 + 1	3 + 5	5 + 4
0 + 2	0 + 1	5 + 7	9 + 9	1 + 9	4 + 0	4 + 9	6 + 0	3 + 7	7 + 8
4 + 8	8 + 5	9 + 5	5 + 3	5 + 0	5 + 6	7 + 7	0 + 0	9 + 7	7 + 5
2 + 1	7 + 1	1 + 7	3 + 0	0 + 5	4 + 4	4 + 3	6 + 9	6 + 4	6 + 6

DAY 10   /100

1 + 5	2 + 3	8 + 2	6 + 2	6 + 0	9 + 1	3 + 1	7 + 7	1 + 6	5 + 2
5 + 9	9 + 0	0 + 7	0 + 2	2 + 2	3 + 5	7 + 6	4 + 8	6 + 8	3 + 0
5 + 3	6 + 6	1 + 4	0 + 0	9 + 6	4 + 5	7 + 8	3 + 9	0 + 9	0 + 5
6 + 4	4 + 6	1 + 7	9 + 4	3 + 8	5 + 7	1 + 9	6 + 7	3 + 2	8 + 0
8 + 1	7 + 5	0 + 3	5 + 6	6 + 9	9 + 7	2 + 1	3 + 6	8 + 7	4 + 0
8 + 3	1 + 8	7 + 1	5 + 0	7 + 2	4 + 1	7 + 3	5 + 5	0 + 6	9 + 5
8 + 6	2 + 0	9 + 8	7 + 9	4 + 3	3 + 4	6 + 1	8 + 8	1 + 0	3 + 3
0 + 8	4 + 7	7 + 0	9 + 2	5 + 4	2 + 8	6 + 5	9 + 9	8 + 5	3 + 7
2 + 7	6 + 3	9 + 3	7 + 4	1 + 2	0 + 1	2 + 9	0 + 4	2 + 6	2 + 5
4 + 4	8 + 4	5 + 1	2 + 4	4 + 2	5 + 8	4 + 9	8 + 9	1 + 3	1 + 1

DAY 10

/100

5 + 4	2 + 5	0 + 7	1 + 5	7 + 8	5 + 3	3 + 0	4 + 7	6 + 0	3 + 6
0 + 1	8 + 5	7 + 3	4 + 4	2 + 8	1 + 6	7 + 2	0 + 5	1 + 4	5 + 7
2 + 4	1 + 7	3 + 9	9 + 1	2 + 7	9 + 3	9 + 2	6 + 8	6 + 2	5 + 6
4 + 6	9 + 6	6 + 4	9 + 8	3 + 4	1 + 3	0 + 2	6 + 5	7 + 6	5 + 9
3 + 7	9 + 4	3 + 1	9 + 5	7 + 7	8 + 3	8 + 0	4 + 8	3 + 5	1 + 1
2 + 2	7 + 0	4 + 1	1 + 2	7 + 5	8 + 6	4 + 9	8 + 7	0 + 3	6 + 6
3 + 2	9 + 0	6 + 7	3 + 8	5 + 1	2 + 1	6 + 3	5 + 5	4 + 5	3 + 3
5 + 8	0 + 4	5 + 0	1 + 9	5 + 2	6 + 1	4 + 3	8 + 4	9 + 7	2 + 0
0 + 6	8 + 1	1 + 0	4 + 2	6 + 9	7 + 1	2 + 3	7 + 4	0 + 0	0 + 8
0 + 9	8 + 9	8 + 2	4 + 0	8 + 8	2 + 9	9 + 9	2 + 6	7 + 9	1 + 8

DAY 10

/100

:

1 + 2	4 + 6	3 + 0	2 + 3	7 + 8	7 + 9	4 + 4	5 + 7	3 + 3	9 + 1
6 + 7	6 + 1	2 + 1	6 + 6	0 + 0	9 + 0	5 + 3	2 + 4	8 + 0	8 + 6
6 + 9	9 + 2	7 + 3	7 + 7	7 + 4	1 + 5	4 + 9	0 + 7	0 + 1	8 + 9
4 + 2	8 + 5	1 + 3	8 + 4	9 + 8	7 + 6	2 + 6	2 + 2	4 + 3	0 + 8
4 + 7	5 + 6	6 + 5	4 + 5	4 + 8	8 + 8	7 + 2	6 + 0	4 + 1	3 + 6
1 + 8	3 + 7	0 + 2	7 + 5	6 + 4	3 + 9	2 + 5	8 + 2	1 + 9	7 + 0
4 + 0	5 + 5	8 + 1	0 + 9	3 + 1	3 + 5	5 + 9	1 + 4	9 + 7	5 + 2
7 + 1	3 + 8	1 + 7	6 + 3	0 + 3	0 + 5	9 + 3	9 + 9	5 + 8	9 + 6
5 + 1	5 + 0	2 + 9	5 + 4	8 + 3	8 + 7	2 + 8	0 + 6	3 + 4	6 + 8
6 + 2	2 + 0	1 + 0	1 + 1	9 + 5	3 + 2	2 + 7	1 + 6	0 + 4	9 + 4

1 + 7	9 + 8	7 + 0	6 + 7	3 + 3	2 + 9	1 + 1	8 + 1	2 + 5	0 + 3
7 + 9	7 + 1	7 + 5	7 + 3	7 + 2	0 + 0	0 + 2	3 + 0	3 + 9	4 + 4
0 + 8	5 + 4	8 + 5	6 + 6	6 + 5	3 + 1	9 + 7	0 + 7	9 + 0	7 + 4
4 + 0	6 + 8	3 + 7	1 + 2	9 + 1	0 + 9	7 + 7	8 + 6	6 + 2	1 + 3
5 + 0	8 + 4	5 + 2	5 + 7	8 + 3	2 + 2	9 + 4	6 + 4	8 + 8	9 + 3
5 + 3	4 + 3	8 + 0	4 + 5	1 + 6	0 + 4	4 + 2	9 + 5	5 + 8	4 + 1
1 + 9	2 + 7	2 + 8	3 + 6	9 + 2	2 + 3	0 + 5	7 + 8	9 + 6	8 + 7
3 + 2	8 + 9	5 + 6	5 + 5	7 + 6	5 + 9	6 + 0	9 + 9	3 + 5	4 + 9
6 + 1	4 + 7	4 + 6	0 + 6	4 + 8	5 + 1	2 + 4	1 + 5	2 + 1	3 + 4
0 + 1	1 + 4	8 + 2	6 + 9	1 + 0	2 + 0	2 + 6	6 + 3	1 + 8	3 + 8

2 + 8	8 + 7	6 + 6	9 + 3	5 + 3	5 + 2	1 + 4	5 + 5	3 + 2	4 + 6
8 + 5	2 + 6	4 + 1	5 + 4	1 + 9	3 + 3	2 + 0	3 + 0	4 + 7	1 + 2
6 + 7	6 + 4	4 + 0	6 + 5	5 + 6	7 + 0	0 + 8	0 + 1	3 + 4	2 + 3
9 + 9	5 + 0	4 + 2	8 + 2	1 + 6	1 + 1	7 + 5	6 + 2	7 + 3	5 + 7
3 + 1	7 + 6	8 + 4	9 + 1	2 + 9	8 + 1	9 + 4	0 + 5	1 + 5	9 + 6
4 + 8	6 + 3	3 + 5	3 + 7	9 + 5	8 + 9	1 + 8	7 + 4	0 + 0	1 + 0
7 + 1	7 + 8	5 + 9	4 + 5	2 + 7	9 + 7	3 + 8	5 + 8	4 + 3	0 + 6
2 + 1	7 + 2	4 + 4	8 + 3	7 + 7	0 + 2	9 + 2	5 + 1	9 + 0	3 + 9
1 + 7	1 + 3	9 + 8	6 + 9	8 + 8	2 + 5	8 + 6	0 + 3	6 + 8	2 + 4
6 + 1	3 + 6	4 + 9	8 + 0	2 + 2	0 + 7	6 + 0	0 + 4	0 + 9	7 + 9

5 + 9	4 + 0	9 + 2	9 + 0	2 + 6	8 + 4	8 + 8	7 + 5	8 + 1	4 + 9
3 + 3	4 + 5	7 + 1	5 + 4	9 + 4	0 + 7	9 + 1	8 + 9	2 + 3	1 + 0
9 + 3	3 + 6	7 + 6	2 + 1	3 + 9	5 + 5	5 + 7	5 + 3	2 + 5	1 + 9
8 + 2	2 + 2	4 + 3	7 + 4	3 + 5	1 + 6	6 + 2	2 + 4	7 + 3	5 + 1
2 + 8	1 + 2	5 + 8	3 + 7	4 + 7	0 + 0	6 + 3	0 + 6	1 + 7	8 + 0
1 + 4	6 + 1	6 + 0	7 + 7	4 + 8	4 + 2	7 + 2	6 + 4	0 + 3	9 + 9
4 + 6	6 + 9	4 + 4	4 + 1	6 + 8	5 + 2	0 + 9	3 + 4	3 + 8	1 + 8
8 + 5	0 + 5	8 + 6	7 + 8	3 + 0	8 + 7	6 + 6	7 + 9	9 + 5	3 + 1
9 + 6	0 + 1	8 + 3	9 + 8	2 + 9	2 + 0	2 + 7	1 + 5	0 + 8	6 + 5
0 + 2	7 + 0	6 + 7	3 + 2	5 + 6	0 + 4	1 + 3	1 + 1	5 + 0	9 + 7

2 + 2	9 + 7	1 + 0	6 + 0	5 + 2	1 + 1	0 + 2	3 + 7	3 + 2	4 + 3
4 + 9	6 + 2	1 + 2	7 + 0	5 + 3	4 + 6	1 + 7	6 + 7	6 + 1	3 + 6
0 + 9	7 + 7	0 + 0	9 + 5	3 + 8	6 + 8	0 + 1	5 + 5	8 + 4	8 + 6
5 + 7	4 + 5	9 + 9	9 + 1	8 + 1	8 + 5	4 + 0	5 + 0	7 + 9	2 + 1
3 + 5	2 + 7	8 + 3	8 + 2	2 + 4	5 + 8	3 + 4	2 + 6	5 + 9	8 + 8
8 + 7	4 + 2	2 + 5	9 + 2	3 + 0	1 + 8	2 + 0	3 + 1	6 + 4	9 + 8
0 + 4	9 + 0	8 + 9	6 + 9	5 + 1	1 + 9	7 + 4	7 + 5	2 + 8	7 + 2
4 + 4	2 + 9	3 + 9	0 + 7	7 + 8	5 + 6	5 + 4	8 + 0	9 + 6	6 + 6
7 + 3	0 + 6	4 + 7	1 + 3	1 + 5	2 + 3	6 + 3	4 + 1	0 + 8	3 + 3
4 + 8	9 + 3	7 + 6	1 + 6	1 + 4	0 + 5	0 + 3	7 + 1	6 + 5	9 + 4

DAY 10 /100

7 + 5	1 + 5	9 + 9	3 + 8	7 + 0	1 + 6	2 + 4	5 + 7	4 + 1	2 + 3
0 + 0	9 + 7	4 + 3	5 + 1	9 + 5	4 + 7	0 + 9	2 + 6	6 + 2	1 + 0
2 + 7	8 + 2	2 + 2	0 + 4	4 + 2	2 + 0	0 + 2	5 + 0	8 + 1	3 + 2
2 + 5	3 + 9	0 + 6	9 + 3	6 + 9	3 + 5	0 + 7	9 + 4	6 + 5	3 + 7
6 + 1	3 + 6	1 + 2	7 + 7	4 + 5	7 + 1	1 + 4	7 + 9	3 + 4	7 + 2
8 + 4	8 + 6	5 + 6	5 + 8	5 + 2	4 + 8	6 + 7	8 + 8	1 + 9	5 + 9
1 + 7	9 + 2	9 + 6	6 + 8	0 + 8	6 + 6	3 + 1	8 + 3	6 + 0	4 + 6
6 + 4	8 + 7	4 + 0	2 + 8	7 + 4	0 + 5	0 + 1	3 + 3	7 + 3	0 + 3
4 + 9	5 + 4	8 + 9	5 + 5	5 + 3	8 + 0	3 + 0	9 + 0	7 + 8	1 + 3
6 + 3	1 + 1	1 + 8	8 + 5	2 + 1	9 + 1	7 + 6	4 + 4	9 + 8	2 + 9

0 + 0	6 + 2	7 + 7	2 + 2	4 + 0	8 + 0	3 + 3	6 + 3	3 + 4	2 + 5
1 + 2	6 + 8	3 + 2	6 + 4	2 + 7	7 + 0	9 + 3	5 + 6	0 + 8	8 + 1
8 + 3	4 + 6	4 + 9	9 + 1	5 + 5	8 + 7	0 + 3	6 + 1	1 + 1	3 + 8
1 + 0	8 + 2	1 + 9	9 + 2	4 + 2	4 + 5	5 + 0	4 + 4	2 + 4	5 + 4
8 + 6	7 + 8	7 + 6	3 + 1	2 + 8	2 + 9	6 + 0	3 + 6	8 + 8	0 + 5
8 + 5	9 + 8	0 + 7	7 + 4	1 + 5	0 + 1	1 + 3	1 + 6	7 + 2	1 + 4
0 + 6	5 + 1	5 + 2	5 + 9	2 + 0	6 + 7	7 + 9	1 + 7	0 + 2	0 + 4
9 + 7	7 + 5	9 + 6	2 + 1	5 + 7	9 + 9	6 + 9	2 + 3	3 + 5	9 + 4
4 + 7	8 + 4	6 + 5	6 + 6	7 + 1	3 + 0	9 + 5	2 + 6	4 + 1	5 + 8
3 + 7	4 + 8	7 + 3	8 + 9	3 + 9	9 + 0	4 + 3	5 + 3	0 + 9	1 + 8

9 + 1	1 + 3	7 + 1	3 + 2	6 + 4	8 + 3	4 + 1	0 + 9	6 + 3	2 + 1
1 + 0	3 + 7	4 + 4	2 + 6	3 + 9	6 + 8	7 + 7	5 + 6	3 + 5	4 + 5
5 + 3	5 + 0	7 + 4	9 + 4	0 + 2	2 + 4	7 + 6	8 + 2	6 + 6	1 + 8
6 + 7	9 + 0	0 + 0	3 + 0	0 + 1	7 + 0	6 + 5	2 + 0	6 + 2	8 + 0
8 + 4	8 + 7	7 + 2	1 + 2	1 + 7	0 + 5	9 + 7	1 + 5	7 + 9	5 + 2
2 + 5	2 + 8	0 + 8	4 + 0	6 + 0	4 + 9	5 + 1	5 + 5	2 + 2	1 + 1
4 + 6	2 + 7	8 + 8	9 + 8	9 + 5	2 + 3	3 + 4	9 + 2	7 + 3	5 + 7
6 + 1	0 + 3	5 + 9	3 + 1	4 + 7	0 + 7	1 + 9	5 + 8	9 + 9	6 + 9
9 + 3	0 + 6	3 + 8	0 + 4	1 + 6	4 + 3	7 + 8	4 + 2	3 + 6	8 + 5
8 + 6	9 + 6	5 + 4	7 + 5	3 + 3	4 + 8	1 + 4	8 + 9	2 + 9	8 + 1

DAY 10   /100

1 + 6	2 + 1	0 + 2	4 + 1	2 + 6	4 + 4	1 + 3	4 + 2	7 + 2	3 + 0
8 + 0	1 + 5	0 + 6	9 + 1	5 + 6	9 + 2	8 + 8	8 + 9	9 + 6	9 + 5
6 + 1	1 + 0	2 + 4	3 + 6	3 + 9	0 + 1	9 + 4	6 + 3	1 + 4	0 + 0
3 + 3	7 + 5	4 + 8	5 + 9	0 + 4	7 + 9	4 + 9	9 + 7	6 + 8	4 + 5
7 + 7	6 + 0	1 + 1	3 + 5	1 + 7	0 + 9	8 + 4	7 + 1	8 + 6	0 + 5
8 + 5	2 + 3	8 + 3	6 + 7	0 + 3	5 + 0	8 + 2	1 + 8	1 + 9	3 + 2
2 + 9	2 + 0	5 + 2	2 + 2	6 + 6	3 + 1	8 + 1	9 + 0	4 + 6	8 + 7
7 + 4	5 + 7	5 + 3	4 + 7	4 + 3	2 + 7	7 + 8	5 + 4	1 + 2	3 + 7
5 + 5	6 + 9	2 + 5	6 + 2	7 + 0	6 + 5	9 + 3	7 + 6	4 + 0	5 + 1
3 + 8	0 + 8	7 + 3	9 + 9	5 + 8	0 + 7	6 + 4	9 + 8	3 + 4	2 + 8

5	1	9	7	5	0	1	3	5	4
+ 9	+ 0	+ 1	+ 8	+ 3	+ 9	+ 1	+ 2	+ 4	+ 3

1	7	0	3	0	5	3	4	0	6
+ 2	+ 3	+ 2	+ 0	+ 8	+ 2	+ 6	+ 6	+ 5	+ 7

3	8	9	5	1	2	4	1	2	2
+ 7	+ 2	+ 3	+ 0	+ 4	+ 4	+ 9	+ 8	+ 5	+ 6

4	6	0	6	7	5	0	4	7	2
+ 4	+ 3	+ 4	+ 5	+ 2	+ 1	+ 3	+ 2	+ 1	+ 8

3	6	8	8	3	2	6	9	4	8
+ 1	+ 2	+ 4	+ 1	+ 9	+ 9	+ 8	+ 4	+ 5	+ 8

5	2	5	0	3	6	9	3	7	1
+ 5	+ 1	+ 7	+ 6	+ 5	+ 9	+ 9	+ 3	+ 5	+ 9

0	7	4	2	6	1	8	6	3	7
+ 7	+ 7	+ 1	+ 7	+ 4	+ 5	+ 9	+ 6	+ 8	+ 6

2	7	5	1	3	2	9	9	2	1
+ 0	+ 0	+ 6	+ 6	+ 4	+ 3	+ 7	+ 5	+ 2	+ 7

4	1	0	0	7	8	4	7	8	4
+ 7	+ 3	+ 1	+ 0	+ 4	+ 5	+ 8	+ 9	+ 6	+ 0

9	6	6	9	8	5	8	8	9	9
+ 6	+ 1	+ 0	+ 0	+ 0	+ 8	+ 7	+ 3	+ 8	+ 2

1 + 5	9 + 9	2 + 2	3 + 3	5 + 0	6 + 8	8 + 5	4 + 3	7 + 7	7 + 6
9 + 3	1 + 2	1 + 7	3 + 0	7 + 2	2 + 4	9 + 5	0 + 4	2 + 0	7 + 8
9 + 7	1 + 1	9 + 4	5 + 4	3 + 2	0 + 6	7 + 0	1 + 0	4 + 0	8 + 7
3 + 8	7 + 4	4 + 7	5 + 5	0 + 2	2 + 7	6 + 9	8 + 8	0 + 7	3 + 5
2 + 9	2 + 3	9 + 8	8 + 3	3 + 6	8 + 2	3 + 9	6 + 4	5 + 6	8 + 6
1 + 6	1 + 9	6 + 0	3 + 7	8 + 1	6 + 1	8 + 0	5 + 2	0 + 0	4 + 1
7 + 5	0 + 8	6 + 3	4 + 2	5 + 3	6 + 7	3 + 1	6 + 2	0 + 3	9 + 1
0 + 1	4 + 5	8 + 4	5 + 9	4 + 9	2 + 6	5 + 7	0 + 5	7 + 1	1 + 8
6 + 5	2 + 1	2 + 5	7 + 9	9 + 6	8 + 9	4 + 4	4 + 8	7 + 3	1 + 3
1 + 4	5 + 1	5 + 8	4 + 6	0 + 9	2 + 8	6 + 6	9 + 0	9 + 2	3 + 4

0 + 5	0 + 7	7 + 1	4 + 3	0 + 0	6 + 9	5 + 6	7 + 5	4 + 0	9 + 5
1 + 5	7 + 0	5 + 3	3 + 7	7 + 8	4 + 8	4 + 5	3 + 8	9 + 6	1 + 0
1 + 7	7 + 9	9 + 1	3 + 3	6 + 8	3 + 9	5 + 9	0 + 2	2 + 2	5 + 5
0 + 6	6 + 6	6 + 3	6 + 5	5 + 4	3 + 4	2 + 8	8 + 0	5 + 7	2 + 4
8 + 4	9 + 4	1 + 2	1 + 1	1 + 6	3 + 5	0 + 3	8 + 9	2 + 1	7 + 3
6 + 2	0 + 9	2 + 3	9 + 9	3 + 1	4 + 4	4 + 2	7 + 2	5 + 8	5 + 0
6 + 0	1 + 3	2 + 6	9 + 8	2 + 0	8 + 1	5 + 2	4 + 6	7 + 6	1 + 8
9 + 3	4 + 1	6 + 7	2 + 9	0 + 4	0 + 8	6 + 1	2 + 5	8 + 6	6 + 4
4 + 9	9 + 2	8 + 3	3 + 2	1 + 9	9 + 0	8 + 2	9 + 7	3 + 6	8 + 7
5 + 1	0 + 1	8 + 8	7 + 4	8 + 5	7 + 7	1 + 4	2 + 7	3 + 0	4 + 7

0 + 1	5 + 4	1 + 0	0 + 7	7 + 5	1 + 8	5 + 5	7 + 0	0 + 9	4 + 1
3 + 1	3 + 3	9 + 7	9 + 6	7 + 2	5 + 1	2 + 2	4 + 9	0 + 6	2 + 5
8 + 2	1 + 2	4 + 2	1 + 5	6 + 7	5 + 9	6 + 0	1 + 6	1 + 1	8 + 4
9 + 3	4 + 6	5 + 7	3 + 0	9 + 4	8 + 3	1 + 3	3 + 8	2 + 0	4 + 8
8 + 9	6 + 3	6 + 9	6 + 8	9 + 2	5 + 6	2 + 7	0 + 3	1 + 4	2 + 6
4 + 5	2 + 9	5 + 8	3 + 5	8 + 7	8 + 1	3 + 7	2 + 3	6 + 5	7 + 8
0 + 5	9 + 0	8 + 0	0 + 2	0 + 8	0 + 4	8 + 8	6 + 6	1 + 9	8 + 6
3 + 9	7 + 4	9 + 8	5 + 3	3 + 2	9 + 5	0 + 0	7 + 6	2 + 1	7 + 1
2 + 4	4 + 4	6 + 2	6 + 1	8 + 5	6 + 4	4 + 7	7 + 9	5 + 2	7 + 3
7 + 7	4 + 3	4 + 0	2 + 8	3 + 6	9 + 1	5 + 0	3 + 4	9 + 9	1 + 7

0 + 4	8 + 6	8 + 5	9 + 9	8 + 0	1 + 8	5 + 5	6 + 0	4 + 9	2 + 3
1 + 1	7 + 8	4 + 7	8 + 2	9 + 3	7 + 4	5 + 2	5 + 1	2 + 4	1 + 9
6 + 3	7 + 1	1 + 0	9 + 8	2 + 5	0 + 3	8 + 1	6 + 5	6 + 4	2 + 6
9 + 0	2 + 7	9 + 6	4 + 4	1 + 3	7 + 9	5 + 6	0 + 0	2 + 9	9 + 4
3 + 0	7 + 6	2 + 1	3 + 1	2 + 0	0 + 6	6 + 7	9 + 5	4 + 5	6 + 1
3 + 6	6 + 8	6 + 2	4 + 6	8 + 3	5 + 3	3 + 7	3 + 2	3 + 8	4 + 2
6 + 6	8 + 8	8 + 9	7 + 2	9 + 7	4 + 0	0 + 2	3 + 3	3 + 5	0 + 8
2 + 8	5 + 4	4 + 1	5 + 7	5 + 9	1 + 5	9 + 1	4 + 8	0 + 7	5 + 8
7 + 5	7 + 3	3 + 9	6 + 9	1 + 2	5 + 0	1 + 7	8 + 7	0 + 9	7 + 0
8 + 4	2 + 2	0 + 5	0 + 1	9 + 2	4 + 3	1 + 6	1 + 4	3 + 4	7 + 7

3 + 3	8 + 0	7 + 2	2 + 9	4 + 7	6 + 6	9 + 3	3 + 9	5 + 7	5 + 9
0 + 3	2 + 1	0 + 6	7 + 8	6 + 5	5 + 5	0 + 4	1 + 1	9 + 6	4 + 4
9 + 5	1 + 4	0 + 1	9 + 9	4 + 5	8 + 1	0 + 8	5 + 1	1 + 7	7 + 4
5 + 4	2 + 7	5 + 8	2 + 2	6 + 9	4 + 0	4 + 6	4 + 9	2 + 8	5 + 0
8 + 3	3 + 8	6 + 8	7 + 9	9 + 2	0 + 5	1 + 6	6 + 7	1 + 8	1 + 2
4 + 2	8 + 6	8 + 7	7 + 6	9 + 1	1 + 9	5 + 3	0 + 2	8 + 2	1 + 3
2 + 3	1 + 0	5 + 6	3 + 5	2 + 4	7 + 7	4 + 8	6 + 4	3 + 6	7 + 3
8 + 5	6 + 0	0 + 7	3 + 2	2 + 6	2 + 0	3 + 1	7 + 5	6 + 2	3 + 7
8 + 8	9 + 4	9 + 8	3 + 4	9 + 7	7 + 0	2 + 5	0 + 0	8 + 4	4 + 1
6 + 1	8 + 9	9 + 0	6 + 3	1 + 5	3 + 0	5 + 2	0 + 9	4 + 3	7 + 1

0 + 1	3 + 5	9 + 1	3 + 2	2 + 4	4 + 3	3 + 4	1 + 4	1 + 9	7 + 6
4 + 9	9 + 3	7 + 3	2 + 3	0 + 8	1 + 2	1 + 6	0 + 6	7 + 5	6 + 6
2 + 0	7 + 2	9 + 7	6 + 7	0 + 2	4 + 4	6 + 9	2 + 8	5 + 3	2 + 5
2 + 2	8 + 2	5 + 1	5 + 8	1 + 7	1 + 0	2 + 9	8 + 5	8 + 3	8 + 1
5 + 7	4 + 2	6 + 4	0 + 3	7 + 4	9 + 4	9 + 9	5 + 6	9 + 6	0 + 4
6 + 2	6 + 8	3 + 6	7 + 7	3 + 3	5 + 9	8 + 6	7 + 8	3 + 8	8 + 9
1 + 1	9 + 2	0 + 7	5 + 0	3 + 0	9 + 8	1 + 8	3 + 1	4 + 6	8 + 7
3 + 9	5 + 2	8 + 8	4 + 0	0 + 5	4 + 8	2 + 7	2 + 6	3 + 7	1 + 5
1 + 3	6 + 1	4 + 7	9 + 0	4 + 5	9 + 5	0 + 0	7 + 0	8 + 0	6 + 3
8 + 4	7 + 1	0 + 9	4 + 1	2 + 1	7 + 9	5 + 4	5 + 5	6 + 5	6 + 0

DAY 10

/100

:

1 + 1	5 + 4	4 + 5	5 + 2	6 + 6	5 + 0	2 + 7	3 + 2	5 + 3	8 + 8
0 + 5	5 + 1	8 + 2	7 + 3	2 + 5	9 + 1	0 + 1	3 + 8	3 + 1	6 + 4
5 + 9	5 + 6	1 + 9	6 + 7	0 + 3	6 + 5	9 + 5	7 + 7	8 + 4	8 + 0
3 + 4	4 + 7	9 + 0	9 + 2	2 + 3	2 + 1	1 + 7	2 + 0	9 + 8	7 + 8
1 + 4	1 + 2	6 + 3	0 + 7	1 + 0	7 + 5	2 + 4	3 + 7	4 + 4	3 + 6
3 + 9	8 + 5	8 + 3	5 + 7	1 + 6	7 + 6	3 + 3	7 + 9	1 + 5	0 + 8
0 + 6	7 + 0	7 + 1	3 + 5	0 + 9	9 + 4	4 + 8	4 + 3	5 + 5	5 + 8
4 + 6	0 + 0	4 + 2	6 + 2	4 + 9	2 + 6	6 + 0	4 + 1	8 + 7	0 + 4
9 + 7	4 + 0	7 + 4	7 + 2	0 + 2	9 + 3	8 + 9	2 + 8	6 + 9	1 + 3
1 + 8	6 + 8	8 + 1	6 + 1	3 + 0	9 + 6	2 + 2	8 + 6	2 + 9	9 + 9

3 + 1	6 + 7	6 + 0	5 + 4	6 + 8	1 + 0	1 + 4	6 + 9	4 + 6	4 + 1
4 + 0	8 + 3	1 + 8	9 + 4	8 + 6	8 + 1	5 + 8	6 + 6	1 + 9	8 + 2
4 + 2	1 + 3	0 + 2	2 + 7	7 + 9	5 + 6	2 + 3	7 + 3	3 + 6	3 + 0
0 + 3	6 + 3	9 + 7	7 + 6	7 + 8	8 + 4	2 + 1	2 + 8	2 + 4	1 + 6
0 + 4	7 + 7	8 + 7	0 + 7	5 + 1	3 + 4	0 + 5	3 + 3	1 + 7	0 + 9
6 + 5	7 + 5	4 + 8	1 + 5	9 + 5	0 + 8	2 + 9	3 + 9	5 + 0	7 + 4
0 + 0	8 + 9	3 + 5	9 + 6	1 + 1	9 + 1	5 + 7	9 + 2	5 + 3	7 + 1
2 + 5	3 + 2	0 + 6	2 + 2	7 + 0	2 + 6	9 + 3	5 + 2	4 + 5	3 + 8
7 + 2	6 + 2	9 + 8	3 + 7	1 + 2	9 + 9	4 + 4	6 + 4	5 + 5	2 + 0
4 + 9	4 + 3	8 + 8	4 + 7	5 + 9	8 + 0	9 + 0	8 + 5	6 + 1	0 + 1

4 + 8	2 + 0	0 + 7	3 + 2	3 + 8	7 + 4	3 + 9	8 + 7	4 + 3	1 + 5
9 + 1	7 + 1	9 + 3	9 + 2	3 + 7	3 + 0	4 + 4	9 + 8	5 + 6	3 + 1
6 + 5	0 + 5	5 + 4	1 + 6	6 + 2	0 + 2	4 + 2	6 + 0	2 + 6	8 + 9
5 + 9	7 + 0	6 + 4	1 + 4	0 + 1	9 + 4	1 + 3	7 + 5	7 + 7	7 + 3
2 + 3	8 + 5	5 + 3	1 + 1	4 + 1	2 + 8	5 + 0	7 + 9	2 + 4	6 + 9
4 + 5	2 + 7	3 + 5	0 + 0	4 + 6	6 + 3	6 + 8	2 + 1	1 + 0	2 + 2
1 + 7	3 + 3	5 + 5	5 + 1	0 + 3	9 + 7	7 + 8	9 + 9	4 + 7	8 + 0
7 + 2	1 + 8	0 + 9	6 + 6	5 + 2	6 + 7	3 + 4	2 + 9	2 + 5	7 + 6
8 + 3	6 + 1	9 + 5	9 + 0	4 + 0	9 + 6	3 + 6	1 + 2	8 + 4	5 + 7
4 + 9	0 + 4	8 + 8	0 + 8	5 + 8	8 + 1	8 + 6	0 + 6	1 + 9	8 + 2

5 + 6	5 + 9	2 + 5	0 + 7	0 + 4	8 + 8	9 + 9	7 + 4	9 + 2	6 + 1
8 + 5	6 + 4	5 + 4	3 + 5	2 + 0	2 + 4	3 + 6	4 + 4	7 + 7	1 + 9
3 + 7	7 + 1	9 + 1	4 + 0	5 + 7	8 + 3	4 + 6	7 + 3	2 + 7	8 + 1
5 + 8	6 + 5	0 + 2	6 + 9	5 + 5	1 + 8	0 + 9	3 + 3	1 + 6	9 + 4
2 + 1	7 + 2	4 + 1	1 + 2	8 + 7	9 + 5	5 + 2	1 + 3	9 + 3	6 + 6
1 + 5	2 + 6	7 + 0	4 + 5	0 + 1	6 + 7	7 + 5	3 + 4	9 + 7	0 + 8
0 + 6	1 + 1	3 + 9	0 + 5	3 + 2	6 + 3	2 + 2	9 + 6	0 + 0	8 + 0
8 + 2	1 + 4	5 + 3	6 + 0	4 + 7	0 + 3	9 + 0	2 + 9	8 + 4	5 + 0
4 + 9	7 + 9	7 + 8	4 + 3	1 + 7	4 + 2	8 + 6	9 + 8	1 + 0	7 + 6
5 + 1	2 + 3	6 + 2	8 + 9	2 + 8	3 + 1	4 + 8	3 + 8	6 + 8	3 + 0

8 + 8	2 + 2	5 + 5	3 + 4	7 + 6	4 + 7	1 + 6	6 + 3	8 + 4	4 + 5
6 + 2	9 + 2	8 + 1	4 + 0	8 + 2	5 + 0	8 + 9	5 + 7	2 + 5	7 + 8
8 + 6	9 + 3	0 + 9	5 + 2	2 + 7	2 + 1	3 + 6	4 + 3	5 + 8	4 + 8
5 + 3	9 + 9	9 + 0	9 + 8	0 + 2	1 + 5	1 + 2	3 + 3	8 + 3	4 + 4
1 + 8	3 + 5	1 + 3	6 + 1	7 + 0	3 + 7	7 + 9	1 + 4	0 + 7	0 + 3
3 + 2	4 + 6	0 + 5	2 + 3	8 + 0	7 + 1	2 + 9	7 + 3	8 + 5	0 + 4
5 + 4	2 + 8	5 + 1	6 + 4	9 + 4	1 + 7	9 + 7	8 + 7	5 + 6	3 + 8
4 + 9	6 + 6	0 + 6	3 + 9	9 + 1	6 + 5	6 + 0	2 + 6	9 + 6	0 + 1
5 + 9	1 + 9	2 + 4	4 + 1	1 + 1	2 + 0	3 + 1	6 + 8	9 + 5	0 + 8
0 + 0	4 + 2	7 + 5	1 + 0	6 + 9	7 + 2	7 + 7	6 + 7	7 + 4	3 + 0

DAY  /100

0 + 3	6 + 2	9 + 3	5 + 0	2 + 9	1 + 3	5 + 5	0 + 7	7 + 6	8 + 3
4 + 6	2 + 2	4 + 8	6 + 1	9 + 9	3 + 6	1 + 0	0 + 5	3 + 2	6 + 8
4 + 3	5 + 3	1 + 1	0 + 1	0 + 0	6 + 0	6 + 9	7 + 8	8 + 0	3 + 5
9 + 0	4 + 5	8 + 8	9 + 1	1 + 9	3 + 1	2 + 4	2 + 6	0 + 8	8 + 4
7 + 0	6 + 7	7 + 5	5 + 1	5 + 9	3 + 0	2 + 5	9 + 6	5 + 4	6 + 5
9 + 5	7 + 7	3 + 8	4 + 9	8 + 1	1 + 7	8 + 5	0 + 6	8 + 6	9 + 8
7 + 1	1 + 4	3 + 7	9 + 7	2 + 7	4 + 2	3 + 9	8 + 7	8 + 2	0 + 4
0 + 9	4 + 4	6 + 4	2 + 8	4 + 0	6 + 6	4 + 1	5 + 6	6 + 3	1 + 6
2 + 0	7 + 3	7 + 9	2 + 1	4 + 7	9 + 4	3 + 4	7 + 4	9 + 2	8 + 9
5 + 2	2 + 3	1 + 5	3 + 3	5 + 7	7 + 2	0 + 2	5 + 8	1 + 2	1 + 8

1 + 1	9 + 8	0 + 1	8 + 1	2 + 3	6 + 0	5 + 3	3 + 2	9 + 2	4 + 0
9 + 6	3 + 8	7 + 6	6 + 2	6 + 3	1 + 4	5 + 7	7 + 8	0 + 7	3 + 4
6 + 1	6 + 6	4 + 5	0 + 9	1 + 0	9 + 1	5 + 1	9 + 4	4 + 8	2 + 4
5 + 6	0 + 6	5 + 5	1 + 7	8 + 6	7 + 7	2 + 6	1 + 3	4 + 2	3 + 7
3 + 0	2 + 0	7 + 2	8 + 3	2 + 7	7 + 9	6 + 9	0 + 2	1 + 5	3 + 1
3 + 9	2 + 8	8 + 7	5 + 8	0 + 8	7 + 5	5 + 0	8 + 5	5 + 2	6 + 8
9 + 7	7 + 4	2 + 9	8 + 0	5 + 4	8 + 8	9 + 5	0 + 4	6 + 7	0 + 5
7 + 3	4 + 7	2 + 2	4 + 3	8 + 9	4 + 9	0 + 3	0 + 0	3 + 5	2 + 5
7 + 0	4 + 1	1 + 2	9 + 3	4 + 4	1 + 8	5 + 9	4 + 6	1 + 6	8 + 4
9 + 0	6 + 5	9 + 9	3 + 3	6 + 4	1 + 9	3 + 6	7 + 1	2 + 1	8 + 2

5 + 5	0 + 8	0 + 3	4 + 4	2 + 0	1 + 0	6 + 9	4 + 6	8 + 9	4 + 3
9 + 1	1 + 3	7 + 1	7 + 3	4 + 8	8 + 3	1 + 8	3 + 1	3 + 9	0 + 0
0 + 4	7 + 0	7 + 9	4 + 7	5 + 8	1 + 5	9 + 2	8 + 5	0 + 7	9 + 9
7 + 4	4 + 0	5 + 3	7 + 7	6 + 3	2 + 5	1 + 4	1 + 2	8 + 8	4 + 2
8 + 2	4 + 1	9 + 6	6 + 7	1 + 7	2 + 3	6 + 5	2 + 2	2 + 9	3 + 5
2 + 6	7 + 8	9 + 0	4 + 9	6 + 2	7 + 2	2 + 7	9 + 7	0 + 1	2 + 4
5 + 6	3 + 7	8 + 6	6 + 1	5 + 7	3 + 0	8 + 0	2 + 8	3 + 4	1 + 1
0 + 9	7 + 6	5 + 2	2 + 1	8 + 7	1 + 6	6 + 4	3 + 3	5 + 9	9 + 3
4 + 5	3 + 8	8 + 1	6 + 8	3 + 2	3 + 6	5 + 4	0 + 2	1 + 9	5 + 1
0 + 6	9 + 4	9 + 8	7 + 5	9 + 5	8 + 4	6 + 0	5 + 0	6 + 6	0 + 5

3 + 3	0 + 1	7 + 8	4 + 0	0 + 8	5 + 6	1 + 3	4 + 2	5 + 4	1 + 6
5 + 3	7 + 4	7 + 5	1 + 8	8 + 8	6 + 1	7 + 6	9 + 9	0 + 6	3 + 4
6 + 6	2 + 4	2 + 2	9 + 8	0 + 3	3 + 5	7 + 1	8 + 2	5 + 9	9 + 0
4 + 3	7 + 3	6 + 0	2 + 1	9 + 2	1 + 9	5 + 5	8 + 4	0 + 5	4 + 6
8 + 1	9 + 3	6 + 4	2 + 6	1 + 5	7 + 2	1 + 2	8 + 5	3 + 9	3 + 6
5 + 7	4 + 1	9 + 7	2 + 8	7 + 0	2 + 3	6 + 8	8 + 9	4 + 8	5 + 0
3 + 7	3 + 1	7 + 7	3 + 8	9 + 6	6 + 7	1 + 7	1 + 1	4 + 5	4 + 7
1 + 0	3 + 0	6 + 3	9 + 5	0 + 4	4 + 4	1 + 4	8 + 6	7 + 9	0 + 2
5 + 8	6 + 2	2 + 7	4 + 9	5 + 2	5 + 1	8 + 3	0 + 0	0 + 9	6 + 5
2 + 9	8 + 7	3 + 2	2 + 5	0 + 7	9 + 1	6 + 9	2 + 0	9 + 4	8 + 0

DAY 10

/100

2 + 3	9 + 8	4 + 7	7 + 4	9 + 9	9 + 4	9 + 5	3 + 1	0 + 1	5 + 9
5 + 4	2 + 7	4 + 4	8 + 2	3 + 2	0 + 2	1 + 5	5 + 7	1 + 0	1 + 1
0 + 0	2 + 8	1 + 8	9 + 3	1 + 2	6 + 9	8 + 6	2 + 4	5 + 6	5 + 1
1 + 6	6 + 8	5 + 2	7 + 2	8 + 8	9 + 1	0 + 4	6 + 6	9 + 2	6 + 7
2 + 5	3 + 3	8 + 3	9 + 7	7 + 5	3 + 4	7 + 6	8 + 9	8 + 4	4 + 3
7 + 7	1 + 3	5 + 3	4 + 2	7 + 0	9 + 0	2 + 0	1 + 7	2 + 2	7 + 8
3 + 9	3 + 0	6 + 1	6 + 5	3 + 6	8 + 1	3 + 8	0 + 3	6 + 4	7 + 1
5 + 0	7 + 9	4 + 6	0 + 6	5 + 5	4 + 8	1 + 9	6 + 2	2 + 1	0 + 5
3 + 7	2 + 9	5 + 8	0 + 8	4 + 9	4 + 5	6 + 0	0 + 7	4 + 0	3 + 5
8 + 0	7 + 3	8 + 7	2 + 6	9 + 6	0 + 9	1 + 4	8 + 5	4 + 1	6 + 3

9 + 8	8 + 8	6 + 0	7 + 0	4 + 6	8 + 5	0 + 3	0 + 2	1 + 1	3 + 4
6 + 4	1 + 8	8 + 0	0 + 0	9 + 1	7 + 2	3 + 6	2 + 3	6 + 2	1 + 4
2 + 1	4 + 5	0 + 6	6 + 8	0 + 5	1 + 9	4 + 3	3 + 5	5 + 6	9 + 6
6 + 1	2 + 2	9 + 9	1 + 5	1 + 0	4 + 7	5 + 2	3 + 9	9 + 3	2 + 4
6 + 3	0 + 1	7 + 5	1 + 7	5 + 3	4 + 1	8 + 9	3 + 3	2 + 6	5 + 9
2 + 9	7 + 3	4 + 8	1 + 6	8 + 1	5 + 7	7 + 9	2 + 8	6 + 6	7 + 4
8 + 7	7 + 6	3 + 0	7 + 8	7 + 7	9 + 4	9 + 0	4 + 9	0 + 8	1 + 2
5 + 8	0 + 7	5 + 4	3 + 8	2 + 7	2 + 5	5 + 5	2 + 0	8 + 3	0 + 9
5 + 0	4 + 2	5 + 1	9 + 7	1 + 3	8 + 2	0 + 4	3 + 2	9 + 2	8 + 6
7 + 1	9 + 5	8 + 4	4 + 0	6 + 9	3 + 1	6 + 5	4 + 4	6 + 7	3 + 7

DAY 10

/100

```
   3        4        2        6        6        6        3        3        2        8
 + 6      + 5      + 6      + 1      + 0      + 3      + 0      + 9      + 4      + 3
```

```
   0        9        0        1        7        4        5        8        4        8
 + 0      + 7      + 1      + 6      + 7      + 4      + 6      + 4      + 0      + 2
```

```
   3        6        1        7        5        5        8        5        3        9
 + 2      + 2      + 1      + 0      + 4      + 7      + 5      + 8      + 4      + 5
```

```
   1        6        1        4        2        1        2        3        0        9
 + 8      + 5      + 2      + 6      + 1      + 4      + 9      + 7      + 8      + 4
```

```
   8        7        4        2        4        7        0        5        1        8
 + 9      + 1      + 8      + 5      + 2      + 9      + 7      + 5      + 3      + 0
```

```
   7        0        1        6        8        8        4        6        2        2
 + 2      + 6      + 0      + 7      + 7      + 8      + 9      + 8      + 2      + 8
```

```
   8        7        0        7        1        4        2        2        9        5
 + 6      + 3      + 4      + 5      + 9      + 3      + 7      + 0      + 8      + 0
```

```
   5        5        6        3        9        0        0        3        5        0
 + 2      + 9      + 4      + 3      + 2      + 2      + 3      + 5      + 1      + 9
```

```
   8        6        7        6        0        1        7        1        4        9
 + 1      + 9      + 4      + 6      + 5      + 7      + 8      + 5      + 7      + 0
```

```
   5        3        2        4        9        9        9        3        7        9
 + 3      + 1      + 3      + 1      + 6      + 3      + 1      + 8      + 6      + 9
```

5 + 4	1 + 3	6 + 2	4 + 0	0 + 8	6 + 6	2 + 4	6 + 9	7 + 9	2 + 7
7 + 6	4 + 8	6 + 3	9 + 1	3 + 8	6 + 4	9 + 0	3 + 6	1 + 2	0 + 3
0 + 0	8 + 5	3 + 5	3 + 3	9 + 5	7 + 0	0 + 5	9 + 4	9 + 3	2 + 3
3 + 4	6 + 0	5 + 2	9 + 7	7 + 4	0 + 9	3 + 9	4 + 5	0 + 1	1 + 4
6 + 1	0 + 4	8 + 8	1 + 9	9 + 6	1 + 0	5 + 5	1 + 6	9 + 8	4 + 6
5 + 0	8 + 2	5 + 8	0 + 7	8 + 1	5 + 6	7 + 2	6 + 8	4 + 9	1 + 5
8 + 3	4 + 3	8 + 6	4 + 1	4 + 4	5 + 3	4 + 2	2 + 6	1 + 8	0 + 6
3 + 0	9 + 9	8 + 9	3 + 7	2 + 1	6 + 7	7 + 1	2 + 5	2 + 0	7 + 5
3 + 2	7 + 8	0 + 2	2 + 2	9 + 2	2 + 9	7 + 3	7 + 7	8 + 4	6 + 5
5 + 9	8 + 0	8 + 7	1 + 7	2 + 8	4 + 7	3 + 1	5 + 1	1 + 1	5 + 7

DAY 10   /100

2 + 8	3 + 2	8 + 5	9 + 1	8 + 3	2 + 6	4 + 2	9 + 4	4 + 4	0 + 0
1 + 7	5 + 2	3 + 7	1 + 5	6 + 3	5 + 3	8 + 1	4 + 9	8 + 7	9 + 6
5 + 6	9 + 7	5 + 8	1 + 4	8 + 0	2 + 2	4 + 7	4 + 6	7 + 7	3 + 0
9 + 0	3 + 9	8 + 4	4 + 3	6 + 1	0 + 8	6 + 4	1 + 1	9 + 9	2 + 9
3 + 1	2 + 0	7 + 5	6 + 8	7 + 3	4 + 5	4 + 8	5 + 9	9 + 5	8 + 6
3 + 8	0 + 2	5 + 5	5 + 7	9 + 2	8 + 8	3 + 3	7 + 0	1 + 3	6 + 0
0 + 5	9 + 3	0 + 7	7 + 9	8 + 2	0 + 1	0 + 9	3 + 6	7 + 2	6 + 2
1 + 0	1 + 2	1 + 9	1 + 6	0 + 6	6 + 5	9 + 8	3 + 4	6 + 7	5 + 4
5 + 0	7 + 6	4 + 1	7 + 4	7 + 8	0 + 3	7 + 1	5 + 1	4 + 0	2 + 1
3 + 5	8 + 9	2 + 7	1 + 8	2 + 4	6 + 9	0 + 4	2 + 3	2 + 5	6 + 6

 DAY 10 /100

0 + 3	6 + 3	1 + 4	7 + 9	1 + 7	2 + 5	5 + 1	5 + 6	0 + 0	8 + 3
3 + 5	1 + 0	2 + 2	9 + 6	1 + 2	0 + 2	2 + 9	8 + 8	0 + 4	8 + 4
7 + 1	5 + 2	6 + 6	3 + 6	6 + 1	2 + 6	6 + 5	7 + 3	6 + 0	7 + 5
4 + 9	9 + 1	6 + 4	6 + 8	6 + 2	8 + 9	5 + 7	7 + 6	7 + 8	1 + 6
5 + 5	5 + 0	9 + 3	8 + 6	0 + 7	0 + 5	9 + 2	4 + 2	7 + 7	4 + 3
6 + 7	0 + 6	9 + 9	3 + 2	4 + 1	3 + 9	4 + 8	4 + 4	1 + 8	0 + 8
4 + 5	3 + 4	5 + 3	5 + 9	2 + 8	8 + 1	3 + 3	4 + 0	7 + 0	2 + 1
3 + 8	5 + 8	4 + 7	3 + 0	4 + 6	9 + 8	9 + 7	2 + 4	8 + 2	1 + 3
1 + 1	2 + 0	9 + 0	9 + 4	1 + 5	1 + 9	2 + 7	5 + 4	6 + 9	8 + 0
8 + 7	3 + 7	3 + 1	0 + 1	0 + 9	7 + 2	9 + 5	8 + 5	7 + 4	2 + 3

DAY 10

/100

1 + 7	1 + 0	5 + 2	2 + 3	0 + 5	0 + 2	6 + 5	7 + 2	3 + 1	9 + 4
1 + 1	4 + 3	9 + 5	5 + 8	4 + 6	9 + 9	8 + 1	6 + 3	0 + 1	9 + 6
5 + 9	1 + 6	9 + 7	4 + 7	9 + 3	4 + 4	6 + 9	3 + 7	8 + 5	9 + 2
3 + 6	3 + 0	7 + 3	6 + 4	7 + 9	8 + 0	4 + 0	3 + 4	9 + 1	2 + 4
4 + 5	5 + 6	4 + 8	8 + 2	3 + 5	7 + 1	2 + 2	0 + 0	4 + 9	4 + 2
7 + 5	1 + 2	2 + 9	0 + 3	3 + 2	7 + 6	7 + 4	7 + 7	5 + 0	6 + 7
5 + 3	8 + 3	9 + 8	1 + 5	8 + 7	6 + 2	0 + 9	2 + 0	6 + 1	3 + 8
1 + 9	2 + 7	5 + 1	0 + 7	3 + 3	0 + 6	4 + 1	7 + 8	1 + 8	2 + 8
5 + 5	6 + 0	8 + 6	6 + 6	5 + 7	0 + 8	3 + 9	2 + 6	7 + 0	0 + 4
9 + 0	8 + 4	2 + 1	1 + 3	2 + 5	5 + 4	1 + 4	6 + 8	8 + 8	8 + 9

DAY 10   /100   :

4 + 6	2 + 4	4 + 0	1 + 7	9 + 5	7 + 0	0 + 5	5 + 4	2 + 8	6 + 5
0 + 4	6 + 3	5 + 6	4 + 1	8 + 2	6 + 4	2 + 0	4 + 4	7 + 6	1 + 1
3 + 0	8 + 3	1 + 0	5 + 5	0 + 0	0 + 7	2 + 2	3 + 1	1 + 4	2 + 3
3 + 6	7 + 9	7 + 2	8 + 5	7 + 4	7 + 5	1 + 8	0 + 8	1 + 2	3 + 2
6 + 2	8 + 8	8 + 7	8 + 1	6 + 6	0 + 1	3 + 4	6 + 7	9 + 1	3 + 5
1 + 3	4 + 5	2 + 6	1 + 6	8 + 6	2 + 5	9 + 9	4 + 9	3 + 8	9 + 6
8 + 9	0 + 3	5 + 1	3 + 3	6 + 1	4 + 2	7 + 7	6 + 8	7 + 3	9 + 2
5 + 3	8 + 4	9 + 0	5 + 9	5 + 2	0 + 9	1 + 5	1 + 9	5 + 0	5 + 8
2 + 7	9 + 7	9 + 8	4 + 8	7 + 1	3 + 9	0 + 2	9 + 3	2 + 9	5 + 7
3 + 7	4 + 7	2 + 1	7 + 8	8 + 0	6 + 9	4 + 3	6 + 0	9 + 4	0 + 6

2 + 8	6 + 1	3 + 2	9 + 4	2 + 5	7 + 2	0 + 8	8 + 0	2 + 1	1 + 5
9 + 2	8 + 7	9 + 6	5 + 9	0 + 6	3 + 7	9 + 0	5 + 3	2 + 6	3 + 3
3 + 6	7 + 8	3 + 5	0 + 9	9 + 7	9 + 1	1 + 9	2 + 4	6 + 0	1 + 7
5 + 5	0 + 5	7 + 7	6 + 2	9 + 5	1 + 3	8 + 4	3 + 4	5 + 4	7 + 6
2 + 2	4 + 2	4 + 8	9 + 9	5 + 6	4 + 6	6 + 5	0 + 2	8 + 6	4 + 4
7 + 3	4 + 0	0 + 0	8 + 2	6 + 7	9 + 3	3 + 0	1 + 1	6 + 3	6 + 8
5 + 0	3 + 1	6 + 6	5 + 7	4 + 7	1 + 0	5 + 2	1 + 4	3 + 8	0 + 1
2 + 9	1 + 6	1 + 2	8 + 9	6 + 9	4 + 3	4 + 1	1 + 8	6 + 4	8 + 5
7 + 5	5 + 8	2 + 0	8 + 1	3 + 9	9 + 8	2 + 3	7 + 9	7 + 0	5 + 1
4 + 5	0 + 4	0 + 7	0 + 3	8 + 3	7 + 1	8 + 8	4 + 9	2 + 7	7 + 4

DAY 10

/100

4 + 2	4 + 5	3 + 7	2 + 2	3 + 1	1 + 1	7 + 5	6 + 5	4 + 3	0 + 7
9 + 5	5 + 1	4 + 7	4 + 1	8 + 4	8 + 5	0 + 4	3 + 6	5 + 4	2 + 0
3 + 3	3 + 2	7 + 4	2 + 1	7 + 7	5 + 3	1 + 7	8 + 2	2 + 7	5 + 9
1 + 0	7 + 2	6 + 1	6 + 0	4 + 0	1 + 5	2 + 3	7 + 6	2 + 4	5 + 6
9 + 1	1 + 6	4 + 8	6 + 3	8 + 1	9 + 6	5 + 2	8 + 7	7 + 9	4 + 6
7 + 3	9 + 3	8 + 6	4 + 4	2 + 8	5 + 8	9 + 0	0 + 1	1 + 8	0 + 9
0 + 6	9 + 9	0 + 2	3 + 0	9 + 2	1 + 3	1 + 2	2 + 5	6 + 7	1 + 4
5 + 5	0 + 8	0 + 0	6 + 9	1 + 9	9 + 4	9 + 7	6 + 6	6 + 4	3 + 4
7 + 0	7 + 1	5 + 7	3 + 9	8 + 0	7 + 8	8 + 9	0 + 3	2 + 6	8 + 8
9 + 8	6 + 2	0 + 5	6 + 8	2 + 9	5 + 0	8 + 3	3 + 8	4 + 9	3 + 5

DAY 10   /100

8 + 3	4 + 2	1 + 3	0 + 5	7 + 3	7 + 8	3 + 6	0 + 3	0 + 6	6 + 2
3 + 8	7 + 5	7 + 0	9 + 3	1 + 0	9 + 4	2 + 0	3 + 3	9 + 5	6 + 3
1 + 5	7 + 6	8 + 9	6 + 0	5 + 5	5 + 7	0 + 1	8 + 6	3 + 4	5 + 4
2 + 6	7 + 4	5 + 3	0 + 7	4 + 0	9 + 2	8 + 0	6 + 5	1 + 7	4 + 1
2 + 7	6 + 7	9 + 0	1 + 4	7 + 7	5 + 0	0 + 8	3 + 7	5 + 9	0 + 4
6 + 1	5 + 1	1 + 6	3 + 1	2 + 9	9 + 6	6 + 4	2 + 5	0 + 0	1 + 2
2 + 4	9 + 7	4 + 6	8 + 7	4 + 5	6 + 8	4 + 3	0 + 2	5 + 8	5 + 2
7 + 1	1 + 9	9 + 8	3 + 5	9 + 9	1 + 1	6 + 6	4 + 9	8 + 1	7 + 2
8 + 5	8 + 8	3 + 2	2 + 8	2 + 3	3 + 9	4 + 8	9 + 1	0 + 9	4 + 7
5 + 6	2 + 2	8 + 2	6 + 9	8 + 4	2 + 1	1 + 8	4 + 4	3 + 0	7 + 9

DAY 10   /100

7 - 2	4 - 1	14 - 7	12 - 5	1 - 0	6 - 5	8 - 4	12 - 8	6 - 3	17 - 9
2 - 0	13 - 6	11 - 7	5 - 5	4 - 0	9 - 7	10 - 1	5 - 2	13 - 4	7 - 7
11 - 3	6 - 4	15 - 8	9 - 5	3 - 0	14 - 8	10 - 7	10 - 3	15 - 9	13 - 7
16 - 7	8 - 3	7 - 6	12 - 9	2 - 2	7 - 5	9 - 6	9 - 3	8 - 2	15 - 7
6 - 1	9 - 0	10 - 9	11 - 9	9 - 4	11 - 4	13 - 8	14 - 6	8 - 8	7 - 0
8 - 1	4 - 3	14 - 9	7 - 3	14 - 5	12 - 4	6 - 6	10 - 4	8 - 7	1 - 1
3 - 1	5 - 0	2 - 1	12 - 6	16 - 8	4 - 2	3 - 3	16 - 9	6 - 0	11 - 5
12 - 7	11 - 6	5 - 3	8 - 0	6 - 2	9 - 1	11 - 2	10 - 5	9 - 2	13 - 9
0 - 0	8 - 5	3 - 2	7 - 1	10 - 6	4 - 4	13 - 5	12 - 3	18 - 9	9 - 8
5 - 1	8 - 6	5 - 4	10 - 8	9 - 9	10 - 2	17 - 8	7 - 4	11 - 8	15 - 6

DAY 10

/100

10 - 9	10 - 6	9 - 2	8 - 6	7 - 6	4 - 3	11 - 6	6 - 3	3 - 3	6 - 0
11 - 4	15 - 7	10 - 3	10 - 7	16 - 9	10 - 4	6 - 6	12 - 3	18 - 9	9 - 6
7 - 1	7 - 2	12 - 9	5 - 5	11 - 3	8 - 5	6 - 5	6 - 2	10 - 5	6 - 1
1 - 0	8 - 2	12 - 6	13 - 5	7 - 0	3 - 1	5 - 0	9 - 8	11 - 7	9 - 3
11 - 5	5 - 4	4 - 1	15 - 8	16 - 7	7 - 3	7 - 4	16 - 8	8 - 8	2 - 0
4 - 2	2 - 2	7 - 7	8 - 0	13 - 8	9 - 7	17 - 8	11 - 8	9 - 9	7 - 5
0 - 0	14 - 6	9 - 1	4 - 0	1 - 1	3 - 0	13 - 6	8 - 3	13 - 4	14 - 7
11 - 9	4 - 4	10 - 2	13 - 7	9 - 5	2 - 1	9 - 4	6 - 4	8 - 1	14 - 8
13 - 9	5 - 1	3 - 2	12 - 5	11 - 2	15 - 9	10 - 1	10 - 8	14 - 5	12 - 7
5 - 3	8 - 4	15 - 6	5 - 2	14 - 9	8 - 7	12 - 4	17 - 9	12 - 8	9 - 0

DAY 10

/100

6 − 5	4 − 4	9 − 2	12 − 4	6 − 4	14 − 9	4 − 3	9 − 5	10 − 3	9 − 4
10 − 1	7 − 3	15 − 7	7 − 2	4 − 1	6 − 2	4 − 0	8 − 6	8 − 2	11 − 9
5 − 4	7 − 0	8 − 1	13 − 5	7 − 4	14 − 6	9 − 6	10 − 2	5 − 3	8 − 5
16 − 7	5 − 2	7 − 1	4 − 2	15 − 6	13 − 7	8 − 3	14 − 7	18 − 9	5 − 5
6 − 0	10 − 7	3 − 0	10 − 5	6 − 1	3 − 2	3 − 3	2 − 2	9 − 7	1 − 1
11 − 6	15 − 8	15 − 9	10 − 4	9 − 8	9 − 3	2 − 1	13 − 8	0 − 0	8 − 8
9 − 0	3 − 1	11 − 5	13 − 6	14 − 8	8 − 0	7 − 6	11 − 8	10 − 8	17 − 8
12 − 9	11 − 2	6 − 6	2 − 0	9 − 9	6 − 3	1 − 0	11 − 3	10 − 9	12 − 5
16 − 8	13 − 9	17 − 9	5 − 0	9 − 1	16 − 9	8 − 4	8 − 7	13 − 4	12 − 7
10 − 6	14 − 5	11 − 7	7 − 5	12 − 3	7 − 7	12 − 8	12 − 6	11 − 4	5 − 1

5 - 5	4 - 2	8 - 5	11 - 5	10 - 9	3 - 3	9 - 8	9 - 4	9 - 7	8 - 8
13 - 9	7 - 3	0 - 0	2 - 2	10 - 5	11 - 8	8 - 2	12 - 8	12 - 6	6 - 4
3 - 1	15 - 8	2 - 1	9 - 9	7 - 0	16 - 9	8 - 4	13 - 4	13 - 5	11 - 9
10 - 7	8 - 0	4 - 1	9 - 6	15 - 6	14 - 5	3 - 2	12 - 4	16 - 8	15 - 7
8 - 3	6 - 2	7 - 2	13 - 6	8 - 6	9 - 2	5 - 0	10 - 2	10 - 1	7 - 6
10 - 8	7 - 4	3 - 0	18 - 9	1 - 1	11 - 4	10 - 3	12 - 9	6 - 5	12 - 5
14 - 7	11 - 3	5 - 3	6 - 3	4 - 3	8 - 7	5 - 2	11 - 2	8 - 1	9 - 1
6 - 6	7 - 7	17 - 9	4 - 0	9 - 3	14 - 6	14 - 8	12 - 7	10 - 4	1 - 0
5 - 4	16 - 7	10 - 6	9 - 5	11 - 7	12 - 3	4 - 4	13 - 7	17 - 8	15 - 9
14 - 9	7 - 5	7 - 1	6 - 1	11 - 6	5 - 1	2 - 0	13 - 8	9 - 0	6 - 0

4 - 0	12 - 6	2 - 2	4 - 2	6 - 1	7 - 7	5 - 1	8 - 2	11 - 9	7 - 6
5 - 4	14 - 5	8 - 8	12 - 4	11 - 7	8 - 0	12 - 5	0 - 0	8 - 6	13 - 4
7 - 5	18 - 9	14 - 9	9 - 3	6 - 2	13 - 5	6 - 5	4 - 4	14 - 7	10 - 3
8 - 1	14 - 6	10 - 2	15 - 9	8 - 7	9 - 9	15 - 7	5 - 0	11 - 3	5 - 3
10 - 5	7 - 3	4 - 1	13 - 6	14 - 8	11 - 4	6 - 0	10 - 4	16 - 9	5 - 2
6 - 4	12 - 3	7 - 4	13 - 8	10 - 9	5 - 5	12 - 7	10 - 8	9 - 6	11 - 2
7 - 0	7 - 1	15 - 8	2 - 1	13 - 9	9 - 7	7 - 2	3 - 3	6 - 6	17 - 9
1 - 0	3 - 2	11 - 8	8 - 3	9 - 4	9 - 1	17 - 8	8 - 5	8 - 4	15 - 6
1 - 1	3 - 0	11 - 5	10 - 7	2 - 0	9 - 2	9 - 0	10 - 1	13 - 7	11 - 6
12 - 9	10 - 6	6 - 3	9 - 5	9 - 8	12 - 8	16 - 7	3 - 1	4 - 3	16 - 8

10 − 2	16 − 8	8 − 5	15 − 6	13 − 5	10 − 9	2 − 4	6 − 1	8 − 1	11 − 3
14 − 8	6 − 5	15 − 7	4 − 1	14 − 6	5 − 1	11 − 7	4 − 3	3 − 1	9 − 4
13 − 7	7 − 1	5 − 2	12 − 7	11 − 8	8 − 6	17 − 9	9 − 6	5 − 4	13 − 4
16 − 9	12 − 6	7 − 7	0 − 0	12 − 9	7 − 3	7 − 6	3 − 3	10 − 3	4 − 2
10 − 4	12 − 5	3 − 2	4 − 4	1 − 1	6 − 6	9 − 1	7 − 2	2 − 1	8 − 8
7 − 4	11 − 6	6 − 0	8 − 2	15 − 8	2 − 0	10 − 1	7 − 0	5 − 5	6 − 1
9 − 2	15 − 9	14 − 5	16 − 7	11 − 4	12 − 4	9 − 7	8 − 3	9 − 5	6 − 2
18 − 9	12 − 3	12 − 8	3 − 0	9 − 3	5 − 3	1 − 0	13 − 6	5 − 0	8 − 4
10 − 7	14 − 7	4 − 0	8 − 7	10 − 8	7 − 5	13 − 8	13 − 9	14 − 9	9 − 0
6 − 3	11 − 2	11 − 5	17 − 8	9 − 9	11 − 9	9 − 8	10 − 6	8 − 0	10 − 5

13 − 7	15 − 8	12 − 7	14 − 7	15 − 7	8 − 1	7 − 6	8 − 8	4 − 1	13 − 6
0 − 0	7 − 1	8 − 5	7 − 4	9 − 7	14 − 9	14 − 8	1 − 0	15 − 6	10 − 1
16 − 9	7 − 0	12 − 8	7 − 3	3 − 0	9 − 9	12 − 3	15 − 9	9 − 5	4 − 3
6 − 1	11 − 7	5 − 4	2 − 0	11 − 6	8 − 7	2 − 1	17 − 8	10 − 8	12 − 4
5 − 1	3 − 1	5 − 2	9 − 4	11 − 2	8 − 2	17 − 9	8 − 3	14 − 5	11 − 3
2 − 2	11 − 4	6 − 3	10 − 4	3 − 3	11 − 5	10 − 2	13 − 5	9 − 1	14 − 6
10 − 9	1 − 1	8 − 4	5 − 3	16 − 8	13 − 9	10 − 6	3 − 2	9 − 6	18 − 9
13 − 8	7 − 5	11 − 9	4 − 4	6 − 0	9 − 0	6 − 6	6 − 2	8 − 6	10 − 5
11 − 8	9 − 3	9 − 2	7 − 7	8 − 0	12 − 6	4 − 2	12 − 5	7 − 2	6 − 5
10 − 7	10 − 3	5 − 5	12 − 9	13 − 4	5 − 0	4 − 0	9 − 8	6 − 4	16 − 7

11 − 9	7 − 4	12 − 5	6 − 3	11 − 2	11 − 5	10 − 9	12 − 6	5 − 0	2 − 1
6 − 1	16 − 9	11 − 8	11 − 7	7 − 1	8 − 1	4 − 0	14 − 6	4 − 4	13 − 6
10 − 3	10 − 8	12 − 9	12 − 8	8 − 7	17 − 9	9 − 0	8 − 4	10 − 5	1 − 0
7 − 2	3 − 2	17 − 8	13 − 5	7 − 0	2 − 0	13 − 9	9 − 4	4 − 3	10 − 1
5 − 3	9 − 9	3 − 0	8 − 8	14 − 9	10 − 2	16 − 8	7 − 6	14 − 8	10 − 4
14 − 5	13 − 8	9 − 6	5 − 5	13 − 7	15 − 7	5 − 4	9 − 1	8 − 3	14 − 7
7 − 7	7 − 5	3 − 3	12 − 4	2 − 2	7 − 3	10 − 6	9 − 2	8 − 2	11 − 4
6 − 5	11 − 6	12 − 7	8 − 5	4 − 2	8 − 0	3 − 1	4 − 1	10 − 7	16 − 7
5 − 2	5 − 1	0 − 0	8 − 6	15 − 8	13 − 4	6 − 2	15 − 9	15 − 6	9 − 8
11 − 3	6 − 0	6 − 4	6 − 6	9 − 5	1 − 1	18 − 9	12 − 3	9 − 7	9 − 3

DAY  /100

4 - 1	12 - 4	7 - 1	8 - 3	11 - 3	7 - 7	5 - 3	1 - 0	10 - 3	12 - 9
12 - 8	14 - 9	9 - 6	9 - 7	17 - 9	8 - 0	8 - 6	12 - 3	12 - 7	10 - 9
3 - 3	16 - 9	16 - 7	9 - 8	7 - 5	7 - 2	7 - 0	13 - 8	0 - 0	13 - 9
10 - 6	8 - 1	9 - 4	11 - 7	13 - 5	15 - 9	4 - 0	7 - 3	5 - 1	11 - 4
10 - 4	4 - 4	8 - 4	9 - 5	11 - 9	2 - 0	13 - 7	6 - 6	1 - 1	16 - 8
4 - 3	3 - 1	10 - 1	6 - 5	15 - 8	6 - 1	15 - 7	5 - 4	6 - 3	8 - 7
7 - 6	4 - 2	8 - 8	6 - 4	5 - 0	13 - 4	15 - 6	3 - 0	11 - 2	9 - 3
10 - 8	5 - 2	3 - 2	6 - 2	12 - 5	9 - 1	11 - 8	18 - 9	10 - 7	8 - 2
14 - 6	14 - 8	12 - 6	2 - 2	9 - 2	6 - 0	11 - 6	13 - 6	7 - 4	2 - 1
14 - 5	10 - 5	10 - 2	14 - 7	9 - 0	5 - 5	9 - 5	8 - 5	11 - 5	17 - 8

10 − 6	13 − 4	3 − 1	9 − 9	10 − 3	4 − 3	7 − 0	3 − 3	2 − 1	8 − 4
10 − 8	5 − 4	5 − 3	15 − 7	10 − 9	15 − 6	8 − 7	9 − 5	13 − 9	0 − 0
5 − 0	9 − 8	8 − 2	11 − 5	12 − 8	16 − 9	14 − 6	13 − 6	7 − 7	11 − 6
9 − 7	7 − 3	5 − 2	10 − 5	12 − 6	15 − 9	6 − 5	11 − 7	8 − 8	14 − 5
16 − 7	8 − 0	13 − 5	12 − 9	9 − 1	6 − 0	12 − 4	14 − 9	11 − 3	8 − 1
7 − 1	10 − 7	13 − 7	2 − 2	5 − 1	17 − 9	11 − 8	5 − 5	8 − 3	9 − 3
4 − 2	10 − 4	18 − 9	4 − 4	3 − 2	14 − 7	9 − 4	6 − 2	6 − 4	6 − 3
11 − 2	14 − 8	11 − 9	6 − 1	10 − 1	7 − 5	8 − 5	4 − 0	9 − 6	17 − 8
6 − 6	7 − 2	9 − 0	7 − 4	3 − 0	16 − 8	11 − 4	4 − 1	15 − 8	13 − 8
1 − 0	12 − 7	1 − 1	10 − 2	8 − 6	9 − 2	12 − 5	7 − 6	2 − 0	12 − 3

6 − 1	6 − 4	10 − 5	1 − 1	14 − 5	12 − 7	9 − 5	8 − 7	11 − 9	8 − 4
6 − 0	9 − 8	16 − 8	9 − 6	5 − 1	7 − 2	2 − 2	4 − 2	15 − 8	4 − 0
9 − 4	5 − 0	9 − 3	4 − 1	8 − 1	10 − 8	13 − 7	8 − 8	10 − 3	9 − 1
15 − 6	7 − 4	11 − 6	12 − 9	5 − 2	3 − 2	16 − 9	17 − 8	9 − 0	12 − 6
5 − 3	12 − 5	11 − 7	7 − 3	9 − 2	8 − 0	11 − 8	10 − 4	11 − 5	14 − 6
6 − 6	2 − 0	7 − 7	13 − 6	6 − 5	7 − 1	11 − 4	3 − 1	9 − 9	8 − 6
10 − 6	10 − 7	7 − 6	14 − 8	10 − 1	1 − 0	8 − 5	10 − 9	10 − 2	14 − 9
3 − 3	7 − 5	12 − 8	15 − 7	4 − 4	13 − 8	16 − 7	14 − 7	9 − 7	11 − 3
13 − 4	13 − 5	13 − 9	8 − 2	12 − 4	5 − 5	6 − 2	8 − 3	18 − 9	11 − 2
5 − 4	0 − 0	7 − 0	3 − 0	15 − 9	12 − 3	17 − 9	4 − 3	2 − 1	6 − 3

13 − 4	3 − 2	9 − 2	16 − 9	3 − 3	2 − 2	11 − 9	14 − 9	6 − 5	15 − 7
11 − 3	3 − 1	2 − 0	5 − 4	6 − 2	6 − 6	12 − 9	11 − 7	9 − 4	5 − 1
10 − 4	4 − 2	5 − 3	8 − 6	15 − 6	12 − 6	3 − 0	4 − 4	6 − 1	7 − 2
11 − 8	13 − 7	6 − 0	13 − 5	6 − 3	9 − 5	8 − 5	4 − 1	8 − 3	17 − 9
8 − 1	5 − 0	13 − 8	7 − 6	16 − 8	12 − 7	8 − 2	12 − 4	0 − 0	7 − 1
15 − 8	7 − 7	4 − 0	14 − 8	13 − 9	11 − 5	8 − 0	4 − 3	9 − 9	15 − 9
7 − 5	10 − 7	10 − 2	5 − 2	13 − 6	11 − 6	10 − 8	7 − 3	12 − 5	9 − 6
10 − 3	10 − 9	2 − 1	5 − 5	14 − 7	12 − 3	14 − 5	1 − 0	10 − 5	9 − 8
8 − 7	8 − 8	17 − 8	14 − 6	8 − 4	9 − 3	9 − 1	6 − 4	11 − 2	7 − 0
9 − 7	12 − 8	18 − 9	10 − 6	11 − 4	9 − 0	16 − 7	1 − 1	10 − 1	7 − 4

DAY 10   /100

12 - 5	15 - 8	7 - 5	6 - 4	5 - 2	15 - 9	4 - 1	4 - 3	5 - 3	12 - 8
15 - 7	17 - 9	10 - 5	8 - 7	10 - 6	5 - 4	13 - 9	7 - 4	9 - 4	7 - 0
2 - 2	5 - 1	13 - 4	12 - 3	11 - 3	9 - 2	9 - 6	4 - 0	6 - 6	4 - 2
1 - 1	10 - 9	3 - 2	6 - 2	11 - 7	8 - 1	17 - 8	11 - 4	12 - 7	11 - 8
11 - 2	8 - 0	8 - 3	7 - 7	6 - 1	8 - 6	7 - 3	8 - 5	3 - 0	1 - 0
10 - 3	12 - 4	6 - 3	14 - 9	8 - 2	5 - 5	3 - 1	9 - 7	3 - 3	8 - 4
5 - 0	9 - 0	13 - 5	10 - 7	13 - 7	10 - 4	7 - 6	4 - 4	13 - 8	15 - 6
2 - 1	9 - 9	16 - 8	9 - 3	7 - 1	0 - 0	2 - 0	10 - 8	9 - 8	14 - 5
13 - 6	16 - 7	6 - 5	18 - 9	7 - 2	8 - 8	12 - 9	16 - 9	9 - 1	11 - 6
14 - 8	14 - 7	6 - 0	9 - 5	10 - 1	11 - 9	12 - 6	10 - 2	11 - 5	14 - 6

9 − 0	5 − 3	8 − 8	14 − 8	9 − 8	11 − 2	1 − 1	12 − 5	15 − 8	8 − 0
4 − 1	9 − 3	9 − 6	16 − 7	3 − 3	12 − 7	5 − 0	16 − 9	6 − 3	10 − 2
10 − 9	3 − 1	13 − 5	8 − 3	3 − 0	5 − 1	9 − 5	10 − 1	8 − 1	6 − 2
9 − 4	13 − 9	14 − 6	4 − 0	4 − 2	8 − 4	6 − 5	13 − 4	10 − 7	11 − 8
12 − 6	3 − 2	13 − 6	4 − 3	11 − 5	10 − 5	18 − 9	8 − 6	13 − 7	12 − 9
7 − 1	10 − 3	11 − 3	11 − 4	14 − 5	10 − 6	2 − 2	7 − 5	17 − 8	7 − 4
2 − 0	7 − 6	6 − 6	1 − 0	17 − 9	9 − 9	2 − 1	7 − 0	13 − 8	5 − 5
7 − 3	11 − 7	10 − 8	0 − 0	8 − 5	14 − 7	9 − 1	4 − 4	12 − 3	9 − 7
5 − 4	12 − 4	15 − 9	8 − 7	15 − 6	5 − 2	14 − 9	8 − 2	9 − 2	16 − 8
7 − 2	6 − 0	6 − 1	7 − 7	10 − 4	11 − 6	15 − 7	6 − 4	11 − 9	12 − 8

7 − 7	10 − 2	8 − 7	16 − 9	10 − 9	12 − 8	9 − 6	5 − 5	7 − 2	8 − 4
8 − 6	9 − 4	13 − 4	15 − 9	12 − 7	14 − 9	5 − 2	4 − 1	10 − 3	9 − 5
1 − 1	11 − 9	17 − 9	9 − 2	8 − 0	13 − 6	3 − 3	4 − 4	11 − 7	14 − 6
15 − 7	6 − 1	0 − 0	4 − 2	10 − 1	9 − 1	6 − 0	5 − 0	16 − 8	11 − 8
6 − 4	5 − 1	12 − 5	3 − 0	10 − 7	17 − 8	15 − 8	13 − 8	5 − 4	8 − 3
12 − 9	7 − 5	16 − 7	8 − 1	2 − 0	11 − 5	6 − 6	15 − 6	14 − 7	11 − 6
14 − 5	7 − 3	11 − 2	9 − 3	3 − 2	12 − 6	6 − 5	7 − 0	3 − 1	11 − 4
4 − 3	9 − 9	2 − 1	11 − 3	14 − 8	6 − 2	10 − 5	13 − 7	10 − 8	10 − 6
13 − 5	8 − 2	2 − 2	7 − 6	9 − 7	7 − 4	9 − 0	5 − 3	8 − 8	9 − 8
8 − 5	4 − 0	12 − 3	18 − 9	10 − 4	13 − 9	1 − 0	12 − 4	7 − 1	6 − 3

DAY 10   /100

11 − 2	11 − 4	9 − 6	8 − 1	9 − 8	6 − 6	10 − 8	12 − 7	14 − 5	9 − 5
13 − 9	14 − 8	6 − 2	15 − 8	10 − 9	6 − 1	8 − 5	12 − 8	12 − 3	11 − 5
6 − 4	0 − 0	6 − 3	11 − 9	14 − 7	16 − 7	13 − 7	14 − 6	16 − 9	12 − 9
17 − 9	8 − 2	5 − 4	9 − 0	4 − 3	7 − 3	10 − 7	7 − 7	14 − 9	7 − 6
8 − 8	1 − 1	10 − 3	8 − 7	13 − 5	1 − 0	3 − 2	4 − 1	18 − 9	5 − 0
9 − 9	7 − 5	9 − 2	5 − 1	7 − 1	3 − 0	6 − 5	11 − 7	8 − 6	10 − 6
15 − 9	4 − 2	12 − 5	9 − 7	5 − 2	7 − 4	6 − 0	13 − 4	3 − 1	9 − 1
12 − 4	8 − 4	11 − 8	2 − 2	11 − 3	16 − 8	9 − 3	15 − 7	8 − 0	3 − 3
13 − 6	2 − 1	15 − 6	4 − 0	7 − 2	17 − 8	10 − 5	5 − 3	12 − 6	10 − 1
5 − 5	11 − 6	9 − 4	8 − 3	10 − 4	2 − 0	13 − 8	7 − 0	4 − 4	10 − 2

6 - 5	6 - 6	10 - 4	5 - 3	7 - 4	9 - 1	4 - 0	11 - 8	10 - 2	1 - 0
11 - 5	3 - 2	14 - 6	4 - 1	15 - 7	8 - 2	8 - 1	9 - 4	3 - 1	7 - 0
9 - 9	16 - 8	9 - 2	6 - 2	11 - 6	4 - 3	3 - 3	10 - 6	15 - 9	12 - 4
13 - 8	8 - 8	15 - 8	12 - 7	12 - 6	16 - 7	9 - 3	8 - 5	2 - 2	8 - 4
6 - 3	10 - 5	8 - 7	13 - 5	13 - 7	5 - 1	11 - 9	11 - 3	16 - 9	6 - 4
12 - 5	10 - 1	11 - 7	12 - 3	10 - 7	14 - 5	11 - 2	9 - 7	8 - 6	11 - 4
13 - 4	8 - 0	9 - 0	4 - 4	5 - 5	7 - 6	10 - 8	13 - 9	12 - 9	4 - 2
9 - 6	10 - 3	5 - 0	2 - 0	15 - 6	12 - 8	8 - 3	13 - 6	5 - 2	17 - 9
14 - 7	14 - 8	18 - 9	6 - 1	7 - 3	9 - 8	7 - 1	1 - 1	5 - 4	17 - 8
0 - 0	7 - 2	10 - 9	9 - 5	7 - 7	14 - 9	6 - 0	3 - 0	2 - 1	7 - 5

 DAY 10 /100

6 − 1	6 − 6	8 − 5	13 − 5	10 − 4	10 − 3	7 − 4	9 − 9	9 − 3	8 − 6
7 − 0	9 − 5	11 − 8	3 − 0	13 − 9	7 − 2	12 − 7	12 − 3	11 − 2	11 − 9
16 − 7	5 − 4	4 − 0	6 − 3	17 − 9	3 − 1	11 − 6	2 − 0	16 − 9	15 − 6
11 − 5	13 − 8	13 − 4	7 − 3	5 − 1	8 − 3	8 − 7	14 − 9	12 − 6	13 − 7
12 − 9	15 − 8	14 − 8	6 − 0	9 − 4	7 − 5	4 − 3	8 − 8	1 − 1	4 − 1
8 − 4	10 − 7	10 − 5	5 − 0	12 − 4	9 − 1	11 − 3	3 − 3	8 − 0	8 − 1
11 − 7	14 − 7	9 − 0	2 − 1	7 − 6	4 − 2	6 − 2	11 − 4	10 − 8	13 − 6
17 − 8	2 − 2	18 − 9	6 − 4	15 − 9	5 − 2	9 − 2	8 − 2	16 − 8	12 − 8
14 − 6	10 − 1	10 − 9	1 − 0	14 − 5	3 − 2	6 − 5	12 − 5	15 − 7	7 − 7
4 − 4	0 − 0	5 − 3	9 − 8	9 − 7	10 − 6	10 − 2	7 − 1	9 − 6	5 − 5

6 − 4	12 − 9	5 − 5	11 − 8	12 − 4	4 − 1	4 − 2	10 − 2	8 − 2	9 − 5
14 − 6	7 − 1	1 − 1	13 − 6	8 − 6	15 − 9	12 − 8	2 − 1	9 − 9	8 − 1
6 − 2	15 − 7	13 − 5	17 − 8	10 − 1	10 − 3	5 − 0	9 − 1	7 − 7	13 − 9
18 − 9	12 − 7	12 − 6	2 − 2	8 − 5	7 − 0	11 − 9	14 − 5	5 − 3	14 − 9
13 − 7	14 − 8	6 − 1	10 − 5	3 − 1	4 − 3	6 − 6	11 − 5	2 − 0	9 − 0
7 − 6	11 − 4	16 − 9	9 − 7	11 − 7	15 − 8	16 − 8	10 − 9	9 − 8	10 − 6
8 − 0	3 − 0	3 − 2	12 − 5	6 − 5	13 − 4	16 − 7	14 − 7	5 − 1	4 − 4
11 − 3	3 − 3	9 − 4	0 − 0	10 − 8	13 − 8	4 − 0	8 − 7	17 − 9	7 − 4
6 − 3	5 − 2	10 − 7	1 − 0	8 − 3	7 − 5	12 − 3	15 − 6	10 − 4	7 − 3
8 − 4	9 − 2	9 − 6	11 − 6	8 − 8	11 − 2	6 − 0	7 − 2	5 − 4	9 − 3

3 - 1	8 - 7	14 - 5	11 - 8	9 - 2	6 - 3	7 - 4	9 - 3	9 - 0	4 - 2
9 - 1	13 - 6	14 - 6	6 - 1	9 - 8	8 - 1	16 - 9	12 - 5	11 - 5	9 - 5
7 - 5	9 - 4	10 - 6	8 - 4	2 - 2	8 - 6	12 - 8	2 - 1	11 - 3	10 - 1
14 - 9	7 - 3	10 - 8	4 - 4	14 - 8	3 - 3	7 - 2	13 - 7	15 - 7	4 - 0
1 - 1	11 - 6	13 - 9	6 - 5	7 - 7	17 - 8	9 - 7	16 - 7	5 - 1	12 - 9
5 - 5	13 - 8	6 - 0	4 - 3	12 - 3	11 - 9	12 - 6	15 - 6	0 - 0	7 - 1
12 - 7	12 - 4	14 - 7	6 - 4	10 - 3	15 - 9	5 - 0	5 - 4	11 - 7	8 - 2
6 - 6	6 - 2	5 - 3	17 - 9	18 - 9	9 - 6	8 - 5	11 - 2	8 - 3	9 - 9
10 - 2	7 - 6	2 - 0	4 - 1	3 - 0	16 - 8	10 - 9	7 - 0	3 - 2	13 - 4
10 - 5	8 - 8	11 - 4	1 - 0	13 - 5	5 - 2	10 - 7	10 - 4	8 - 0	15 - 8

14 − 6	17 − 8	10 − 3	12 − 9	7 − 7	7 − 2	13 − 7	9 − 8	14 − 8	8 − 6
7 − 4	8 − 5	7 − 0	11 − 4	4 − 4	8 − 2	14 − 7	5 − 5	3 − 2	11 − 2
14 − 9	6 − 2	9 − 6	11 − 6	12 − 3	7 − 3	5 − 0	6 − 5	7 − 5	15 − 6
9 − 4	8 − 1	10 − 4	4 − 0	4 − 3	8 − 8	14 − 5	11 − 7	3 − 3	12 − 5
12 − 7	12 − 6	9 − 3	4 − 1	11 − 3	8 − 3	8 − 0	5 − 4	7 − 6	2 − 1
18 − 9	8 − 4	9 − 5	11 − 8	3 − 0	13 − 9	10 − 1	9 − 2	10 − 7	9 − 1
15 − 7	0 − 0	8 − 7	2 − 2	5 − 3	2 − 0	17 − 9	6 − 6	16 − 9	1 − 0
7 − 1	15 − 8	16 − 7	13 − 5	5 − 1	5 − 2	12 − 4	9 − 7	10 − 2	4 − 2
12 − 8	9 − 0	13 − 6	6 − 0	13 − 4	10 − 9	6 − 4	11 − 5	6 − 3	10 − 6
15 − 9	10 − 8	9 − 9	6 − 1	16 − 8	13 − 8	3 − 1	10 − 5	11 − 9	1 − 1

13 − 8	13 − 9	7 − 1	5 − 2	3 − 0	12 − 4	8 − 5	5 − 4	6 − 4	4 − 4
7 − 0	7 − 3	12 − 9	11 − 9	2 − 1	4 − 0	14 − 9	4 − 1	6 − 6	12 − 3
11 − 3	7 − 5	8 − 2	9 − 7	8 − 6	10 − 1	5 − 3	17 − 9	9 − 4	8 − 3
11 − 6	10 − 8	8 − 4	9 − 0	11 − 4	7 − 6	6 − 5	13 − 6	12 − 8	5 − 5
3 − 2	7 − 7	10 − 4	5 − 0	4 − 3	16 − 9	13 − 4	8 − 8	8 − 7	15 − 7
12 − 6	14 − 6	16 − 7	9 − 2	9 − 3	3 − 1	8 − 1	11 − 5	13 − 5	10 − 3
3 − 3	2 − 0	7 − 4	0 − 0	5 − 1	11 − 2	7 − 2	6 − 1	10 − 7	8 − 0
13 − 7	16 − 8	14 − 7	10 − 5	1 − 0	14 − 8	17 − 8	6 − 3	15 − 9	9 − 1
6 − 0	9 − 6	14 − 5	11 − 8	4 − 2	11 − 7	10 − 6	6 − 2	15 − 6	12 − 7
10 − 9	15 − 8	9 − 5	9 − 9	12 − 5	18 − 9	9 − 8	2 − 2	10 − 2	1 − 1

DAY

10   /100

7	9	14	10	7	9	4	4	11	5
- 0	- 0	- 7	- 9	- 4	- 3	- 4	- 2	- 6	- 1

1	13	10	5	11	8	15	8	8	8
- 0	- 6	- 3	- 3	- 9	- 2	- 9	- 3	- 5	- 1

12	3	13	12	9	2	13	7	17	5
- 5	- 2	- 9	- 3	- 4	- 2	- 7	- 5	- 9	- 5

13	12	7	10	7	5	13	9	14	6
- 5	- 8	- 2	- 6	- 1	- 4	- 4	- 9	- 9	- 0

13	15	6	2	11	1	6	5	9	6
- 8	- 7	- 6	- 0	- 5	- 1	- 2	- 0	- 8	- 4

10	3	14	8	2	16	10	9	11	8
- 2	- 0	- 8	- 4	- 1	- 9	- 5	- 7	- 7	- 0

6	6	10	3	15	12	8	12	12	9
- 5	- 1	- 1	- 1	- 6	- 9	- 6	- 7	- 4	- 5

10	4	18	7	16	0	11	8	11	9
- 4	- 3	- 9	- 7	- 7	- 0	- 4	- 7	- 8	- 2

11	4	7	12	14	14	16	3	11	4
- 3	- 0	- 6	- 6	- 5	- 6	- 8	- 3	- 2	- 1

9	5	9	10	6	8	15	17	10	7
- 6	- 2	- 1	- 7	- 3	- 8	- 8	- 8	- 8	- 3

DAY 10 /100

2 - 2	5 - 3	8 - 6	15 - 8	15 - 9	5 - 1	5 - 5	9 - 3	9 - 9	7 - 1
0 - 0	9 - 4	4 - 4	5 - 4	11 - 3	9 - 5	11 - 9	14 - 6	13 - 5	7 - 0
17 - 9	11 - 6	12 - 7	10 - 3	15 - 7	10 - 1	11 - 5	16 - 9	8 - 1	1 - 0
3 - 3	18 - 9	10 - 6	6 - 3	13 - 4	14 - 5	9 - 2	13 - 8	4 - 3	5 - 0
6 - 5	10 - 7	7 - 4	17 - 8	12 - 4	8 - 8	11 - 7	13 - 7	13 - 6	9 - 7
8 - 7	2 - 0	7 - 6	8 - 5	6 - 6	4 - 1	10 - 4	3 - 2	10 - 9	7 - 3
12 - 3	3 - 1	13 - 9	11 - 2	14 - 8	9 - 8	10 - 2	7 - 2	14 - 9	10 - 5
8 - 3	11 - 8	12 - 9	6 - 2	8 - 4	4 - 0	12 - 6	6 - 0	3 - 0	15 - 6
7 - 7	11 - 4	7 - 5	9 - 6	8 - 2	9 - 1	5 - 2	12 - 5	4 - 2	12 - 8
9 - 0	8 - 0	1 - 1	16 - 8	14 - 7	2 - 1	6 - 1	10 - 8	16 - 7	6 - 4

10 - 1	12 - 7	8 - 7	18 - 9	8 - 8	6 - 1	10 - 3	17 - 8	10 - 8	12 - 5
7 - 4	10 - 4	11 - 2	15 - 9	12 - 9	10 - 2	13 - 4	7 - 7	1 - 1	10 - 6
12 - 8	9 - 8	9 - 3	6 - 5	5 - 5	9 - 4	9 - 0	7 - 0	10 - 7	9 - 6
4 - 1	12 - 6	2 - 2	8 - 3	7 - 5	15 - 6	11 - 9	6 - 2	8 - 6	17 - 9
8 - 2	8 - 4	5 - 4	9 - 9	11 - 8	10 - 9	14 - 5	9 - 2	2 - 0	5 - 0
7 - 2	13 - 7	4 - 2	13 - 8	4 - 3	16 - 9	6 - 4	3 - 3	12 - 3	7 - 1
6 - 3	9 - 5	14 - 9	1 - 0	15 - 7	3 - 2	15 - 8	9 - 7	7 - 6	0 - 0
5 - 3	8 - 0	11 - 4	3 - 1	11 - 3	12 - 4	5 - 2	13 - 6	8 - 5	4 - 4
11 - 5	16 - 8	10 - 5	9 - 1	13 - 9	7 - 3	14 - 6	6 - 6	13 - 5	14 - 8
14 - 7	5 - 1	6 - 0	3 - 0	11 - 6	4 - 0	16 - 7	11 - 1	2 - 1	8 - 1

DAY 10

/100

1 - 0	14 - 7	7 - 1	17 - 9	11 - 3	9 - 0	16 - 7	12 - 4	3 - 3	9 - 6
18 - 9	11 - 8	16 - 8	13 - 9	7 - 6	8 - 7	10 - 2	9 - 1	7 - 7	11 - 4
15 - 9	9 - 3	6 - 1	8 - 8	11 - 5	1 - 1	10 - 9	9 - 9	3 - 2	12 - 5
15 - 8	4 - 3	9 - 8	7 - 4	9 - 2	10 - 1	10 - 8	6 - 6	8 - 2	8 - 6
7 - 2	2 - 2	8 - 5	8 - 4	6 - 3	14 - 9	0 - 0	8 - 3	11 - 2	5 - 0
6 - 0	9 - 4	12 - 7	3 - 1	7 - 3	10 - 7	5 - 5	12 - 3	11 - 6	13 - 5
5 - 1	15 - 7	14 - 8	7 - 5	9 - 5	16 - 9	13 - 7	6 - 4	12 - 8	3 - 0
6 - 2	5 - 2	14 - 6	11 - 9	14 - 5	12 - 9	5 - 4	8 - 0	10 - 3	4 - 1
5 - 3	9 - 7	13 - 8	13 - 4	15 - 6	8 - 1	7 - 0	10 - 4	4 - 4	10 - 5
2 - 1	17 - 8	4 - 0	12 - 6	11 - 7	2 - 0	13 - 6	4 - 2	10 - 6	6 - 5

9 − 5	3 − 2	6 − 0	2 − 0	10 − 4	8 − 1	13 − 7	9 − 4	2 − 1	6 − 2
5 − 2	11 − 7	7 − 3	8 − 7	9 − 2	13 − 5	7 − 1	14 − 5	14 − 9	10 − 1
11 − 2	17 − 9	4 − 0	18 − 9	6 − 5	8 − 2	10 − 9	7 − 2	8 − 8	9 − 6
11 − 8	9 − 8	15 − 6	9 − 3	8 − 5	10 − 7	4 − 3	11 − 9	14 − 7	8 − 6
11 − 5	11 − 6	4 − 2	13 − 9	10 − 3	15 − 7	7 − 5	10 − 2	5 − 0	9 − 9
15 − 8	7 − 0	9 − 7	16 − 8	1 − 1	5 − 4	16 − 9	6 − 4	16 − 7	14 − 8
11 − 3	4 − 1	12 − 5	13 − 8	5 − 5	17 − 8	6 − 3	3 − 3	12 − 8	9 − 0
10 − 6	13 − 4	12 − 9	5 − 1	1 − 0	8 − 0	8 − 3	12 − 6	7 − 6	11 − 4
9 − 1	14 − 6	15 − 9	6 − 6	3 − 1	13 − 6	10 − 5	7 − 4	12 − 3	0 − 0
3 − 0	6 − 1	10 − 8	12 − 4	2 − 2	12 − 7	7 − 7	4 − 4	5 − 3	8 − 4

2 - 2	6 - 1	11 - 9	2 - 0	7 - 6	7 - 5	3 - 3	6 - 4	7 - 1	1 - 0
4 - 3	10 - 9	9 - 3	5 - 0	9 - 7	13 - 4	12 - 8	3 - 1	17 - 9	11 - 8
14 - 5	10 - 6	7 - 0	8 - 6	6 - 3	8 - 5	10 - 1	6 - 0	10 - 2	10 - 3
11 - 4	12 - 3	5 - 3	15 - 8	7 - 7	0 - 0	5 - 4	6 - 5	8 - 3	15 - 9
4 - 4	5 - 1	9 - 0	15 - 7	18 - 9	14 - 7	10 - 5	14 - 8	4 - 2	8 - 7
5 - 5	14 - 6	9 - 5	9 - 8	1 - 1	8 - 8	3 - 2	15 - 6	12 - 7	4 - 1
9 - 4	11 - 5	4 - 0	10 - 4	13 - 6	9 - 2	5 - 2	8 - 0	9 - 6	7 - 2
12 - 4	11 - 7	12 - 9	6 - 6	8 - 4	8 - 1	12 - 5	7 - 3	7 - 4	16 - 9
17 - 8	9 - 9	8 - 2	11 - 3	9 - 1	13 - 8	6 - 2	16 - 8	11 - 2	12 - 6
10 - 8	10 - 7	11 - 6	13 - 5	13 - 7	16 - 7	3 - 0	13 - 9	2 - 1	14 - 9

5 − 2	12 − 5	17 − 9	14 − 7	11 − 9	10 − 6	13 − 8	2 − 2	10 − 3	14 − 9
12 − 9	8 − 4	11 − 5	10 − 4	10 − 2	9 − 5	15 − 9	5 − 3	11 − 7	10 − 5
8 − 2	7 − 5	9 − 8	5 − 1	8 − 6	13 − 9	15 − 8	6 − 2	13 − 7	6 − 0
14 − 5	6 − 1	4 − 3	16 − 7	5 − 4	8 − 0	6 − 4	11 − 6	13 − 5	13 − 4
8 − 8	3 − 0	9 − 3	1 − 0	7 − 3	10 − 8	2 − 1	9 − 7	8 − 5	10 − 1
17 − 8	11 − 8	3 − 3	14 − 8	4 − 4	9 − 6	5 − 0	14 − 6	16 − 8	9 − 9
9 − 1	3 − 1	15 − 7	10 − 9	7 − 0	9 − 4	8 − 1	10 − 7	9 − 0	4 − 2
12 − 8	15 − 6	6 − 5	0 − 0	16 − 9	13 − 6	18 − 9	6 − 6	8 − 7	11 − 3
1 − 1	12 − 4	5 − 5	4 − 0	4 − 1	7 − 2	8 − 3	7 − 1	2 − 0	6 − 3
9 − 2	7 − 6	7 − 4	7 − 7	12 − 7	11 − 2	3 − 2	12 − 3	12 − 6	11 − 4

13 - 5	17 - 9	10 - 5	3 - 0	11 - 7	3 - 2	9 - 8	15 - 9	15 - 7	14 - 9
5 - 1	11 - 3	14 - 8	12 - 9	11 - 8	8 - 6	9 - 2	9 - 4	10 - 9	6 - 4
13 - 6	14 - 7	5 - 3	9 - 9	14 - 6	8 - 0	4 - 0	5 - 0	8 - 5	16 - 8
1 - 0	6 - 3	6 - 1	16 - 9	6 - 0	5 - 5	12 - 4	12 - 7	15 - 8	11 - 5
10 - 2	11 - 9	7 - 5	8 - 7	13 - 8	10 - 8	9 - 0	13 - 4	1 - 1	7 - 4
10 - 6	13 - 9	3 - 1	8 - 3	2 - 0	16 - 7	6 - 6	12 - 6	6 - 2	8 - 2
7 - 1	8 - 8	2 - 1	11 - 4	14 - 5	5 - 2	10 - 7	7 - 2	7 - 7	9 - 3
4 - 4	15 - 6	9 - 5	7 - 3	13 - 7	2 - 2	0 - 0	12 - 8	9 - 1	18 - 9
12 - 3	7 - 0	12 - 5	4 - 3	10 - 3	5 - 4	9 - 6	6 - 5	4 - 1	17 - 8
8 - 1	8 - 4	10 - 1	9 - 7	7 - 6	4 - 2	11 - 6	3 - 3	11 - 2	10 - 4

8 − 5	8 − 8	8 − 0	9 − 4	14 − 5	5 − 2	2 − 1	13 − 8	12 − 7	15 − 6
3 − 2	7 − 6	6 − 0	5 − 4	12 − 8	10 − 2	13 − 4	5 − 1	16 − 8	12 − 4
5 − 0	8 − 6	5 − 5	7 − 7	2 − 2	16 − 7	8 − 4	9 − 1	11 − 8	3 − 3
9 − 7	10 − 7	12 − 5	4 − 3	4 − 4	8 − 1	13 − 7	15 − 7	10 − 5	6 − 1
12 − 6	11 − 4	9 − 5	14 − 8	7 − 1	14 − 7	13 − 9	17 − 8	12 − 9	11 − 5
14 − 9	10 − 9	1 − 1	8 − 2	6 − 5	15 − 8	10 − 4	8 − 7	4 − 2	10 − 3
7 − 5	7 − 2	17 − 9	5 − 3	10 − 1	11 − 3	16 − 9	6 − 2	11 − 7	3 − 1
13 − 5	11 − 6	9 − 6	6 − 4	11 − 9	6 − 3	4 − 1	6 − 6	10 − 8	7 − 4
3 − 0	13 − 6	9 − 9	7 − 0	9 − 0	9 − 2	2 − 0	15 − 9	4 − 0	9 − 8
1 − 0	12 − 3	18 − 9	11 − 2	7 − 3	8 − 3	14 − 6	9 − 3	10 − 6	0 − 0

14 - 9	12 - 4	5 - 1	4 - 4	9 - 8	9 - 6	9 - 2	8 - 6	0 - 0	8 - 1
13 - 8	6 - 0	4 - 0	4 - 1	8 - 3	12 - 8	12 - 6	10 - 6	3 - 1	6 - 4
8 - 2	1 - 1	14 - 6	8 - 5	11 - 8	10 - 7	5 - 0	2 - 0	12 - 9	2 - 1
17 - 8	3 - 3	7 - 3	3 - 0	5 - 4	8 - 0	16 - 7	11 - 5	8 - 7	17 - 9
11 - 6	15 - 6	9 - 7	10 - 9	13 - 6	11 - 4	12 - 5	14 - 7	11 - 9	2 - 2
12 - 7	10 - 4	8 - 8	9 - 9	11 - 7	15 - 8	12 - 3	13 - 5	7 - 2	9 - 1
1 - 0	13 - 7	9 - 5	4 - 2	9 - 3	10 - 1	7 - 5	11 - 3	15 - 9	10 - 8
16 - 9	4 - 3	18 - 9	14 - 8	9 - 0	8 - 4	7 - 0	7 - 1	6 - 1	6 - 6
5 - 2	13 - 4	10 - 2	11 - 2	16 - 8	3 - 2	5 - 5	6 - 3	13 - 9	6 - 2
10 - 3	5 - 3	7 - 6	9 - 4	6 - 5	10 - 5	7 - 7	14 - 5	7 - 4	15 - 7

10 - 9	6 - 1	4 - 4	15 - 9	11 - 9	14 - 7	5 - 0	8 - 8	16 - 8	12 - 9
10 - 8	14 - 5	4 - 2	8 - 7	5 - 3	7 - 1	11 - 4	5 - 1	8 - 5	12 - 5
17 - 9	8 - 0	11 - 8	0 - 0	8 - 4	3 - 0	10 - 4	3 - 2	12 - 3	7 - 4
9 - 4	10 - 3	3 - 3	18 - 9	13 - 7	13 - 6	15 - 6	17 - 8	14 - 9	9 - 6
11 - 3	11 - 2	13 - 8	15 - 8	13 - 5	9 - 5	6 - 0	9 - 2	14 - 6	9 - 8
9 - 9	12 - 4	13 - 4	8 - 1	16 - 7	4 - 1	5 - 2	10 - 7	10 - 5	1 - 0
12 - 6	4 - 0	9 - 1	11 - 7	13 - 9	6 - 6	9 - 0	2 - 2	8 - 2	7 - 2
5 - 5	9 - 7	9 - 3	12 - 8	10 - 1	3 - 1	7 - 7	16 - 9	10 - 6	14 - 8
6 - 5	7 - 6	6 - 3	4 - 3	11 - 6	7 - 5	7 - 3	8 - 3	2 - 0	7 - 0
8 - 6	10 - 2	12 - 7	6 - 2	2 - 1	5 - 4	1 - 1	15 - 7	11 - 5	6 - 4

6 − 4	4 − 3	7 − 0	6 − 1	14 − 6	1 − 1	10 − 9	8 − 3	5 − 4	8 − 8
5 − 1	2 − 0	9 − 6	15 − 7	0 − 0	9 − 9	4 − 1	9 − 5	11 − 5	8 − 4
15 − 6	12 − 6	7 − 5	7 − 3	5 − 0	8 − 5	14 − 5	8 − 1	17 − 8	14 − 8
7 − 7	18 − 9	4 − 0	13 − 5	6 − 5	12 − 8	9 − 7	6 − 3	3 − 1	13 − 6
9 − 3	12 − 3	10 − 5	11 − 4	11 − 9	10 − 4	14 − 9	13 − 7	9 − 0	4 − 4
8 − 2	1 − 0	15 − 9	5 − 5	3 − 0	10 − 6	12 − 9	13 − 9	2 − 2	11 − 2
17 − 9	16 − 8	3 − 2	11 − 6	12 − 4	5 − 3	7 − 1	16 − 7	9 − 2	2 − 1
9 − 8	10 − 2	10 − 7	6 − 0	8 − 7	8 − 0	10 − 3	11 − 7	5 − 2	10 − 8
14 − 7	7 − 4	12 − 5	8 − 6	12 − 7	7 − 6	6 − 6	10 − 1	11 − 3	13 − 4
3 − 3	9 − 1	13 − 8	11 − 8	7 − 2	6 − 2	9 − 4	4 − 2	16 − 9	15 − 8

DAY 10 /100

2	13	4	10	8	2	1	16	9	10
- 0	- 9	- 4	- 9	- 3	- 1	- 0	- 8	- 2	- 5

4	14	15	5	14	4	7	9	12	10
- 3	- 5	- 8	- 4	- 6	- 0	- 5	- 3	- 6	- 1

12	7	14	7	11	9	11	14	9	16
- 3	- 2	- 7	- 7	- 5	- 5	- 3	- 9	- 4	- 9

6	12	15	5	5	13	3	10	12	15
- 0	- 5	- 7	- 3	- 1	- 4	- 2	- 8	- 8	- 6

10	8	11	6	7	7	8	4	17	11
- 6	- 0	- 6	- 6	- 3	- 0	- 4	- 1	- 9	- 4

12	11	9	6	12	3	10	14	10	7
- 9	- 2	- 1	- 1	- 7	- 1	- 2	- 8	- 3	- 1

11	18	7	2	16	0	8	17	5	12
- 7	- 9	- 6	- 2	- 7	- 0	- 6	- 8	- 5	- 4

6	1	9	3	6	3	13	10	8	13
- 3	- 1	- 0	- 0	- 2	- 3	- 7	- 7	- 8	- 8

11	9	15	13	5	13	6	9	5	8
- 9	- 6	- 9	- 5	- 2	- 6	- 4	- 9	- 0	- 7

8	7	8	4	6	8	9	11	9	10
- 1	- 4	- 2	- 2	- 5	- 5	- 8	- 8	- 7	- 4

9 - 0	3 - 3	16 - 8	6 - 5	17 - 8	11 - 8	9 - 6	8 - 7	6 - 6	4 - 1
12 - 6	10 - 5	13 - 9	10 - 7	15 - 8	6 - 2	15 - 7	12 - 9	14 - 6	13 - 6
8 - 1	13 - 5	3 - 2	10 - 3	5 - 0	8 - 4	10 - 6	12 - 4	8 - 5	8 - 3
7 - 1	7 - 2	8 - 8	2 - 0	12 - 5	5 - 2	11 - 3	12 - 3	12 - 7	9 - 1
7 - 3	6 - 4	9 - 5	1 - 1	13 - 4	10 - 9	17 - 9	16 - 9	11 - 4	15 - 9
11 - 5	9 - 7	11 - 6	9 - 9	11 - 2	6 - 3	7 - 5	13 - 8	6 - 0	7 - 7
4 - 2	4 - 3	9 - 8	2 - 1	2 - 2	4 - 0	8 - 0	4 - 4	11 - 7	9 - 3
16 - 7	10 - 1	3 - 1	6 - 1	11 - 9	12 - 8	18 - 9	5 - 5	9 - 2	10 - 4
9 - 4	1 - 0	10 - 2	14 - 9	5 - 3	14 - 8	7 - 6	13 - 7	8 - 2	7 - 4
0 - 0	14 - 7	8 - 6	15 - 6	3 - 0	14 - 5	5 - 1	7 - 0	5 - 4	10 - 8

DAY 10 /100

2 - 0	10 - 8	15 - 7	5 - 1	11 - 7	10 - 9	13 - 6	4 - 2	12 - 7	10 - 3
8 - 0	8 - 3	13 - 4	5 - 4	2 - 1	9 - 3	14 - 9	9 - 9	13 - 5	7 - 2
7 - 5	6 - 4	13 - 8	16 - 7	10 - 2	10 - 7	7 - 6	0 - 0	16 - 8	10 - 4
9 - 0	6 - 3	14 - 6	3 - 0	6 - 2	11 - 8	2 - 2	17 - 8	7 - 4	14 - 7
7 - 1	13 - 7	11 - 3	6 - 0	12 - 8	11 - 2	12 - 5	12 - 4	18 - 9	9 - 2
4 - 4	15 - 8	11 - 6	15 - 9	5 - 2	7 - 0	1 - 0	9 - 7	6 - 1	9 - 4
12 - 9	9 - 8	10 - 6	10 - 1	4 - 1	12 - 3	9 - 6	7 - 3	6 - 5	12 - 6
8 - 1	11 - 4	11 - 5	15 - 6	9 - 5	8 - 8	3 - 3	5 - 5	5 - 3	8 - 2
4 - 0	4 - 3	11 - 9	5 - 0	6 - 6	8 - 4	3 - 1	3 - 2	14 - 5	17 - 9
8 - 6	8 - 5	7 - 7	8 - 7	13 - 9	10 - 5	14 - 8	16 - 9	9 - 1	1 - 1

DAY 10

/100

:

8 - 2	3 - 3	4 - 4	11 - 2	15 - 9	8 - 0	11 - 3	3 - 1	1 - 1	0 - 0
7 - 2	7 - 5	7 - 7	6 - 0	7 - 4	9 - 6	5 - 0	18 - 9	11 - 9	10 - 8
5 - 3	7 - 0	6 - 3	9 - 3	10 - 4	9 - 8	11 - 7	14 - 9	10 - 3	9 - 2
5 - 2	11 - 5	10 - 1	13 - 9	8 - 6	12 - 7	9 - 4	8 - 8	6 - 2	6 - 6
10 - 9	11 - 8	12 - 8	15 - 6	4 - 2	2 - 2	6 - 5	13 - 6	10 - 6	12 - 6
9 - 0	9 - 1	12 - 5	8 - 5	5 - 1	10 - 2	12 - 4	7 - 1	7 - 3	14 - 6
6 - 1	3 - 2	4 - 0	2 - 0	13 - 4	8 - 7	14 - 7	9 - 5	9 - 9	16 - 7
14 - 8	14 - 5	8 - 4	8 - 3	8 - 1	15 - 8	3 - 0	12 - 9	5 - 5	2 - 1
12 - 3	15 - 7	13 - 8	5 - 4	16 - 8	11 - 4	13 - 5	17 - 8	9 - 7	6 - 4
16 - 9	10 - 5	13 - 7	4 - 3	11 - 6	4 - 1	17 - 9	10 - 7	1 - 0	7 - 6

3 − 2	5 − 0	9 − 5	9 − 3	17 − 9	1 − 0	11 − 9	9 − 8	12 − 4	11 − 4
9 − 7	0 − 0	5 − 4	10 − 4	12 − 8	7 − 7	12 − 9	7 − 1	9 − 6	6 − 1
14 − 5	2 − 1	4 − 4	8 − 6	16 − 7	9 − 1	10 − 3	6 − 5	10 − 6	10 − 5
10 − 9	10 − 7	4 − 3	9 − 9	7 − 3	15 − 6	12 − 6	6 − 6	6 − 2	12 − 7
2 − 2	5 − 1	4 − 1	7 − 2	13 − 9	16 − 8	14 − 8	11 − 7	13 − 7	15 − 7
10 − 8	10 − 2	11 − 2	8 − 0	15 − 8	7 − 4	17 − 8	8 − 7	4 − 2	5 − 3
6 − 4	3 − 3	6 − 3	6 − 0	9 − 4	13 − 5	15 − 9	9 − 0	11 − 5	7 − 0
14 − 7	13 − 6	16 − 9	3 − 1	2 − 0	8 − 3	14 − 9	8 − 1	8 − 5	8 − 2
11 − 3	3 − 0	13 − 4	8 − 4	8 − 8	5 − 2	10 − 1	11 − 6	13 − 8	7 − 5
12 − 3	9 − 2	4 − 0	1 − 1	14 − 6	5 − 5	12 − 5	18 − 9	11 − 8	7 − 6

7 - 6	12 - 8	7 - 3	13 - 4	9 - 8	10 - 7	13 - 7	7 - 7	7 - 1	10 - 4
7 - 4	6 - 5	17 - 9	6 - 3	13 - 9	12 - 6	4 - 1	6 - 0	12 - 7	11 - 6
8 - 8	3 - 1	12 - 5	10 - 6	11 - 4	10 - 3	10 - 1	6 - 6	5 - 1	9 - 2
4 - 3	3 - 0	14 - 8	4 - 0	7 - 5	2 - 0	17 - 8	5 - 4	8 - 2	9 - 4
8 - 0	11 - 2	7 - 0	16 - 9	9 - 5	15 - 8	15 - 7	3 - 2	9 - 3	4 - 2
5 - 3	8 - 1	15 - 9	8 - 5	10 - 2	14 - 6	1 - 1	10 - 5	12 - 9	2 - 2
14 - 7	2 - 1	10 - 9	18 - 9	7 - 2	5 - 5	9 - 1	13 - 5	8 - 6	11 - 5
8 - 4	13 - 8	6 - 4	11 - 9	1 - 0	8 - 3	14 - 5	8 - 7	11 - 3	5 - 2
3 - 3	15 - 6	4 - 4	13 - 6	9 - 9	5 - 0	11 - 7	9 - 0	11 - 8	16 - 8
10 - 8	16 - 7	6 - 2	9 - 7	12 - 4	0 - 0	9 - 6	6 - 1	12 - 3	14 - 9

8 − 4	11 − 4	9 − 9	9 − 1	12 − 3	14 − 6	7 − 1	13 − 7	12 − 6	10 − 5
7 − 6	7 − 3	6 − 4	10 − 9	13 − 9	14 − 9	4 − 1	10 − 1	9 − 4	3 − 1
0 − 0	3 − 2	7 − 4	9 − 6	11 − 2	2 − 1	8 − 1	8 − 6	8 − 7	6 − 1
10 − 7	2 − 2	17 − 8	9 − 2	7 − 5	7 − 0	3 − 3	14 − 7	5 − 0	6 − 3
11 − 7	6 − 0	17 − 9	5 − 3	12 − 5	8 − 2	5 − 2	15 − 8	11 − 8	4 − 2
7 − 7	4 − 4	12 − 7	6 − 5	1 − 1	4 − 0	4 − 3	13 − 8	12 − 8	1 − 0
13 − 5	10 − 4	11 − 3	9 − 0	12 − 9	15 − 9	11 − 6	9 − 3	10 − 3	16 − 8
11 − 9	10 − 2	9 − 5	8 − 0	9 − 7	8 − 8	2 − 0	16 − 7	10 − 8	5 − 4
7 − 2	18 − 9	8 − 3	12 − 4	14 − 8	13 − 4	15 − 6	6 − 6	10 − 6	13 − 6
9 − 8	14 − 5	5 − 5	16 − 9	11 − 5	6 − 2	8 − 5	15 − 7	5 − 1	3 − 0

9 − 1	12 − 9	1 − 0	4 − 2	5 − 5	12 − 6	5 − 1	3 − 1	16 − 8	9 − 0
10 − 1	0 − 0	9 − 3	10 − 5	12 − 7	8 − 2	15 − 7	8 − 4	5 − 4	13 − 5
7 − 6	11 − 8	8 − 5	13 − 7	11 − 2	12 − 8	11 − 6	6 − 4	4 − 1	2 − 2
13 − 6	14 − 6	12 − 3	5 − 0	6 − 0	6 − 1	1 − 1	7 − 5	6 − 2	7 − 0
11 − 7	5 − 2	10 − 9	4 − 0	11 − 9	9 − 9	16 − 9	8 − 8	14 − 7	8 − 3
7 − 1	9 − 7	11 − 5	15 − 8	14 − 5	10 − 8	9 − 6	5 − 3	10 − 7	8 − 7
10 − 3	4 − 3	3 − 2	8 − 6	6 − 6	7 − 4	8 − 1	11 − 4	2 − 0	14 − 9
3 − 3	8 − 0	15 − 9	9 − 8	10 − 6	2 − 1	7 − 3	7 − 2	11 − 3	13 − 9
14 − 8	17 − 8	9 − 5	6 − 5	13 − 8	12 − 5	10 − 4	9 − 4	16 − 7	7 − 7
3 − 0	9 − 2	6 − 3	10 − 2	12 − 4	13 − 4	17 − 9	18 − 9	4 − 4	15 − 6

7 − 7	12 − 6	9 − 6	8 − 4	8 − 2	5 − 4	14 − 9	5 − 1	10 − 9	8 − 1
3 − 0	8 − 7	12 − 5	10 − 5	11 − 9	15 − 9	3 − 1	13 − 9	12 − 4	16 − 9
10 − 7	7 − 1	5 − 0	9 − 4	4 − 4	14 − 7	6 − 0	2 − 2	4 − 0	1 − 0
7 − 4	0 − 0	10 − 6	4 − 2	11 − 7	18 − 9	8 − 0	15 − 8	7 − 2	6 − 2
3 − 2	12 − 3	2 − 1	11 − 6	10 − 2	17 − 8	7 − 3	5 − 5	8 − 6	9 − 9
15 − 6	11 − 4	9 − 0	12 − 9	4 − 1	8 − 5	8 − 3	14 − 5	12 − 8	15 − 7
13 − 8	13 − 6	16 − 8	8 − 8	7 − 5	6 − 3	6 − 5	14 − 8	2 − 0	10 − 4
9 − 8	11 − 3	11 − 5	16 − 7	13 − 5	17 − 9	6 − 1	7 − 0	9 − 3	10 − 3
4 − 3	13 − 4	7 − 6	10 − 1	9 − 2	6 − 6	3 − 3	6 − 4	9 − 1	11 − 8
9 − 5	5 − 3	13 − 7	11 − 2	12 − 7	1 − 1	14 − 6	10 − 8	5 − 2	9 − 7

 DAY 10 /100  :

6 - 3	5 - 0	7 - 6	8 - 0	6 - 5	12 - 7	8 - 6	16 - 8	6 - 6	5 - 2
15 - 6	11 - 4	17 - 8	3 - 0	10 - 9	9 - 8	9 - 2	13 - 8	7 - 7	6 - 0
10 - 7	8 - 3	8 - 2	7 - 2	12 - 6	11 - 5	8 - 8	13 - 4	7 - 1	8 - 7
3 - 1	10 - 8	14 - 8	11 - 3	4 - 3	5 - 5	1 - 1	12 - 5	18 - 9	15 - 7
9 - 9	8 - 4	13 - 9	7 - 5	10 - 1	1 - 0	5 - 3	9 - 0	7 - 0	6 - 2
14 - 5	8 - 5	13 - 7	2 - 0	9 - 6	6 - 4	12 - 4	0 - 0	12 - 9	12 - 3
14 - 6	8 - 1	14 - 9	16 - 9	7 - 3	15 - 8	11 - 2	14 - 7	13 - 5	11 - 9
4 - 0	5 - 4	2 - 1	4 - 2	4 - 1	6 - 1	9 - 3	10 - 3	2 - 2	7 - 4
15 - 9	9 - 5	4 - 4	12 - 8	17 - 9	9 - 7	10 - 4	9 - 1	11 - 7	10 - 2
10 - 5	3 - 3	10 - 6	9 - 4	5 - 1	3 - 2	11 - 8	13 - 6	16 - 7	11 - 6

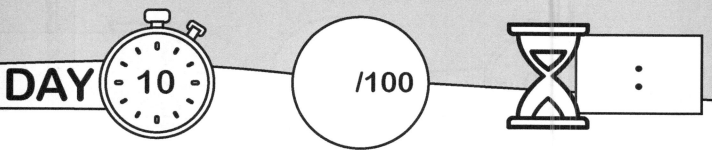

10 - 1	7 - 3	9 - 2	5 - 2	13 - 9	9 - 9	15 - 8	16 - 8	8 - 5	12 - 9
13 - 4	6 - 2	2 - 1	9 - 6	14 - 5	5 - 5	7 - 4	10 - 6	11 - 5	5 - 3
3 - 2	3 - 3	3 - 1	12 - 8	14 - 9	14 - 8	8 - 8	3 - 0	8 - 4	17 - 9
2 - 0	7 - 6	5 - 4	1 - 1	11 - 8	9 - 1	11 - 6	1 - 0	13 - 6	4 - 1
9 - 4	8 - 1	12 - 3	12 - 7	12 - 6	12 - 5	8 - 0	6 - 4	12 - 4	15 - 9
18 - 9	9 - 3	13 - 7	0 - 0	11 - 7	13 - 8	11 - 3	4 - 0	7 - 0	13 - 5
10 - 9	17 - 8	10 - 2	6 - 3	8 - 2	9 - 0	4 - 2	8 - 7	10 - 7	11 - 2
10 - 5	14 - 7	10 - 3	7 - 7	15 - 6	10 - 4	9 - 7	8 - 3	11 - 4	14 - 6
6 - 0	4 - 4	6 - 1	16 - 7	7 - 5	2 - 2	9 - 5	4 - 3	5 - 1	7 - 1
6 - 6	11 - 9	8 - 6	7 - 2	5 - 0	10 - 8	15 - 7	9 - 8	6 - 5	16 - 9

DAY 10 · /100

4 − 4	11 − 9	17 − 9	10 − 5	8 − 5	13 − 8	3 − 3	9 − 2	3 − 2	11 − 6
6 − 2	0 − 0	2 − 1	15 − 8	10 − 4	2 − 0	3 − 1	13 − 4	8 − 7	9 − 5
5 − 1	6 − 3	5 − 5	9 − 1	10 − 8	14 − 9	10 − 9	1 − 0	5 − 0	10 − 7
12 − 3	14 − 7	9 − 0	18 − 9	9 − 3	8 − 1	16 − 7	10 − 3	15 − 6	9 − 6
7 − 2	12 − 7	11 − 5	11 − 2	14 − 8	4 − 1	1 − 1	8 − 4	15 − 7	12 − 4
6 − 4	8 − 6	5 − 4	6 − 1	6 − 0	11 − 8	11 − 3	2 − 2	8 − 3	4 − 3
8 − 0	13 − 9	6 − 5	13 − 7	7 − 5	17 − 8	14 − 6	6 − 6	7 − 6	13 − 6
4 − 2	5 − 3	7 − 3	9 − 8	10 − 1	12 − 8	16 − 9	3 − 0	7 − 0	11 − 4
5 − 2	16 − 8	4 − 0	15 − 9	7 − 7	12 − 6	12 − 9	13 − 5	9 − 9	8 − 8
8 − 2	14 − 5	11 − 7	7 − 1	10 − 6	9 − 7	12 − 5	9 − 4	7 − 4	10 − 2

14 - 8	5 - 0	8 - 7	9 - 3	12 - 9	9 - 7	3 - 2	7 - 0	8 - 5	2 - 1
16 - 9	7 - 5	12 - 6	12 - 5	11 - 3	10 - 5	15 - 8	6 - 6	3 - 0	8 - 1
0 - 0	17 - 9	4 - 1	11 - 7	12 - 4	6 - 3	8 - 8	13 - 7	4 - 0	4 - 3
4 - 4	17 - 8	5 - 2	7 - 2	16 - 7	7 - 7	2 - 0	7 - 6	10 - 3	15 - 7
10 - 9	11 - 6	9 - 5	7 - 1	3 - 1	11 - 2	14 - 6	10 - 6	15 - 9	6 - 5
8 - 3	8 - 0	1 - 0	9 - 8	11 - 4	5 - 1	7 - 3	5 - 5	8 - 4	15 - 6
10 - 1	11 - 5	11 - 8	9 - 2	6 - 2	6 - 0	13 - 4	8 - 6	10 - 8	16 - 8
9 - 1	12 - 8	13 - 5	11 - 9	5 - 3	8 - 2	4 - 2	10 - 2	12 - 7	9 - 4
7 - 4	5 - 4	14 - 9	9 - 0	1 - 1	3 - 3	9 - 6	14 - 7	12 - 3	13 - 6
10 - 7	6 - 1	9 - 9	18 - 9	13 - 8	13 - 9	14 - 5	6 - 4	2 - 2	10 - 4

4 - 3	6 - 4	9 - 1	5 - 2	5 - 4	12 - 5	13 - 7	5 - 0	8 - 8	5 - 1
13 - 9	15 - 6	13 - 4	15 - 7	9 - 4	16 - 8	12 - 7	12 - 4	7 - 0	11 - 5
8 - 2	14 - 7	4 - 0	5 - 3	11 - 7	11 - 9	11 - 6	6 - 0	14 - 8	7 - 2
2 - 2	2 - 0	3 - 2	12 - 6	12 - 8	10 - 1	14 - 9	18 - 9	3 - 3	13 - 5
9 - 6	11 - 3	9 - 0	7 - 5	11 - 8	9 - 7	8 - 3	6 - 1	8 - 1	2 - 1
14 - 6	8 - 0	10 - 4	8 - 6	13 - 6	7 - 4	10 - 5	10 - 6	7 - 7	6 - 3
11 - 4	9 - 3	11 - 2	15 - 9	12 - 3	8 - 4	3 - 0	16 - 7	7 - 6	4 - 2
13 - 8	10 - 2	3 - 1	6 - 6	9 - 2	4 - 1	4 - 4	15 - 8	5 - 5	9 - 9
17 - 8	12 - 9	7 - 1	8 - 7	6 - 2	0 - 0	8 - 5	9 - 8	17 - 9	14 - 5
10 - 3	1 - 0	9 - 5	7 - 3	10 - 9	6 - 5	10 - 8	16 - 9	10 - 7	1 - 1

13 - 6	12 - 8	11 - 5	17 - 9	13 - 7	9 - 8	0 - 0	2 - 0	10 - 6	14 - 7
9 - 7	1 - 0	9 - 6	12 - 6	5 - 1	16 - 9	6 - 0	10 - 5	14 - 8	2 - 2
7 - 7	3 - 1	15 - 9	11 - 7	8 - 7	9 - 5	1 - 1	4 - 2	14 - 9	7 - 6
13 - 5	3 - 3	11 - 9	15 - 7	6 - 5	7 - 4	8 - 5	5 - 5	10 - 7	12 - 9
11 - 3	4 - 3	11 - 2	11 - 8	8 - 8	7 - 1	13 - 4	16 - 8	9 - 9	8 - 2
8 - 4	8 - 3	10 - 8	5 - 3	7 - 0	4 - 4	12 - 3	18 - 9	13 - 9	8 - 0
5 - 4	6 - 3	3 - 2	9 - 0	12 - 7	7 - 5	4 - 1	14 - 5	8 - 6	8 - 1
6 - 1	16 - 7	14 - 6	13 - 8	5 - 0	9 - 1	7 - 3	9 - 4	17 - 8	10 - 4
5 - 2	9 - 3	10 - 1	6 - 6	15 - 8	12 - 5	3 - 0	11 - 4	4 - 0	15 - 6
6 - 4	12 - 4	10 - 3	9 - 2	7 - 2	6 - 2	11 - 6	2 - 1	10 - 9	10 - 2

7 − 1	10 − 5	6 − 4	17 − 9	5 − 3	18 − 9	11 − 5	8 − 6	13 − 6	10 − 1
4 − 0	14 − 7	7 − 2	12 − 8	12 − 5	13 − 7	14 − 6	3 − 0	13 − 8	6 − 2
9 − 7	10 − 7	6 − 6	1 − 0	10 − 8	16 − 7	3 − 2	15 − 9	14 − 5	13 − 4
14 − 9	4 − 3	5 − 1	5 − 5	6 − 3	11 − 6	13 − 9	6 − 0	8 − 7	10 − 9
11 − 4	9 − 0	8 − 4	9 − 4	7 − 5	11 − 9	1 − 1	7 − 7	10 − 6	7 − 6
15 − 6	8 − 0	8 − 1	14 − 8	11 − 8	10 − 2	12 − 6	15 − 8	5 − 0	12 − 4
2 − 0	17 − 8	4 − 2	9 − 2	16 − 8	2 − 2	9 − 8	2 − 1	7 − 0	10 − 4
6 − 5	16 − 9	9 − 1	7 − 4	11 − 7	8 − 8	0 − 0	13 − 5	4 − 1	11 − 3
3 − 3	12 − 7	5 − 2	10 − 3	7 − 3	9 − 5	8 − 2	8 − 5	3 − 1	6 − 1
12 − 3	5 − 4	9 − 6	8 − 3	15 − 7	11 − 2	9 − 3	12 − 9	9 − 9	4 − 4